RÉGLES
DE L'ASTRONOMIE
INDIENNE

POUR CALCULER

LES MOUVEMENS DU SOLEIL ET DE LA LUNE,

expliquées & éxaminées

PAR MONSIEUR CASSINI

de l'Académie Royale des Sciences.

(7)

DES RÉGLES DE L'ASTRONOMIE INDIENNE, POUR CALCULER LES MOUVEMENS DU SOLEIL ET DE LA LUNE,

expliquées & éxaminées par M. Caßini.

MONSIEUR DE LA LOUBERE Ambaſſadeur du Roy à Siam a rapporté un extrait d'un Manuſcrit Siamois, qui comprend des régles pour calculer les mouvemens du Soleil & de la Lune ſelon la méthode de ce païs-là.

Cette méthode eſt extraordinaire. On ne s'y ſert point de Tables ; mais ſeulement de l'addition, ſouſtraction, multiplication, & diviſion de certains nombres, dont on ne voit pas d'abord le fondement, ni à quoy ces nombres ſe rapportent.

On cache ſous ces nombres diverſes périodes d'années ſolaires, de mois lunaires, & d'autres révolutions, & le rapport des unes avec les autres. On cache auſſi ſous ces nombres diverſes eſpéces d'époques qu'on ne diſtingue point, comme ſont l'époque civile, l'époque des mois lunaires, celle des équinoxes, celle des apogées, & celle du cycle ſolaire. Les nombres dans leſquels conſiſte la différence entre ces époques, ne ſont pas ordinairement à la teſte des opérations auſquelles ils ſervent, comme ils devroient eſtre ſelon l'ordre naturel : ils ſont ſouvent meſlez avec certains nombres, & les ſommes ou les différences ſont multipliées ou diviſées par d'autres ; car ce ne ſont pas toûjours des nombres ſimples, mais ſouvent ce ſont des fractions tantoſt ſimples, tantoſt compoſées, ſans eſtre rangées en forme de fractions, le numérateur eſtant quelquefois dans un article, & le dénominateur dans un autre ; comme ſi l'on avoit eû un deſſein formé de cacher la nature & l'uſage de ces nombres. On entremeſle au calcul du Soleil des choſes qui n'appartiennent qu'à la Lune, & d'autres qui ne ſont néceſſaires ni à l'un ni à l'autre, ſans en faire aucune diſtinction. On y confond enſemble des années ſolaires & des années luniſolaires, des mois de la lune & des mois du ſoleil, des mois civils & des mois aſtronomiques, des jours naturels & des jours artificiels. On y diviſe le Zodiaque tantost en douze Signes selon le nombre des mois de l'année, tantost en 27 parties selon le nombre des jours que la Lune parcourt le Zodiaque, & tantost en 30 parties selon le nombre des jours que la Lune retourne au Soleil. On n'y parle point d'heures dans la division du jour; mais il s'y trouve des 11mes des 703mes & des 800mes parties de jours, qui résultent des opérations arithmetiques que l'on prescrit.

Cette méthode est ingénieuse; & estant dévelopée, réctifiée, & purgée des choses superfluës, elle sera de quelque utilité, se pouvant pratiquer sans livres par le moyen de divers cycles & de la différence de leurs époques: c'est pourquoy jay tasché de la déchiffrer, quelque difficulté que j'y aye trouvée d'abord, non-seulement à cause de la confusion qui y régne par tout, & des noms qui manquent aux nombres supposez; mais aussi à cause des noms extraordinaires qu'on donne à ce qui résulte des opérations, dont il y en a plus de vingt qui n'ont pas esté interprétez par le Traducteur, & dont je n'aurois jamais trouvé la signification si je n'avois auparavant découvert la méthode; ce qui m'a aussi fait connoistre que l'interprétation que le Traducteur a faite de trois ou quatre autres noms, n'est pas assez juste.

Dans cette recherche j'ay distingué premiérement, & séparé des autres nombres ceux qui appartiennent aux époques, ayant reconnu que ces nombres sont ceux que l'on donnoit à ajouster ou à soustraire, ou simplement, ou en les divisant ou multipliant par certains autres nombres.

Secondement, j'ay considéré les analogies qui résultent des multiplications & divisions des autres nombres séparez des époques; & c'est dans les termes de ces analogies que j'ay trouvé les périodes des années, des mois, & des jours, & les différences des unes aux autres, que l'expérience des choses astronomiques, & l'occasion de diverses opérations que j'ay faites, m'a fait reconnoistre.

J'ay crû que les Missionnaires, à qui l'Astronomie donne entrée chez les Grands & chez les Sçavans par tout l'Orient, pourroient tirer quelque avantage de ce travail pour l'intelligence & pour l'explication de l'Astronomie Orientale, que l'on pourroit aisément réctifier & conformer à la nostre sans apporter que tres-peu de changement à la méthode, en corrigeant les nombres dont elle se sert.

J'ay crû aussi qu'il ne seroit pas inutile de réduire l'Astronomie de l'Europe à cette forme, afin de s'en pouvoir servir au defaut des Tables qui abrégent beaucoup le travail. Cette méthode seroit bien plus facile à pratiquer dans la forme de l'année Julienne & de la Grégorienne dont nous nous servons, que dans la forme de l'année l'année lunisolaire dont les Orientaux se servent : car leur difficulté principale consiste à réduire les années lunisolaires & les mois lunaires civils aux années & aux mois du Soleil, que la forme de nostre Calendrier nous donne immédiatement ; & ce qui m'a donné le plus de peine, ç'a esté de reconnoistre la méthode dont ils se servent pour les réduire, dans laquelle les diverses espéces d'années, de mois, & mesme de jours, que l'on suppose & que l'on cherche, ne sont point distinguées. C'est pourquoy on ne verra pas d'abord la raison de l'explication que je donne, & de la détermination des genres aux espéces que je fais dans le commencement ; mais on la comprendra dans la suite par la connéxion des choses, & par ce qui en résulte nécessairement.

De l'Epoque Astronomique de cette méthode.

J'AY tasché de découvrir quelle est l'Epoque d'où l'on commence à compter icy les mouvemens du Soleil & de la Lune ; & à quelle année, quel mois & quel jour de nostre Calendrier elle se rapporte : car il n'en est point parlé dans cét Extrait, qui la suppose ou connuë, ou expliquée peut-estre dans les chapitres précédens du manuscrit d'où cét Extrait a esté tiré, puisque sans la connoissance de l'Epoque il est absolument impossible de pratiquer cette méthode.

J'ay trouvé que cette Epoque est Astronomique, & qu'elle est différente de la Civile : ce que j'ay reconnu, parce que l'on prescrit icy de commencer à compter les mois de l'année courante par le cinquiéme mois dans l'année Embolismique qui est de 13 mois, & par le sixiéme mois dans l'année commune qui est de 12 mois. Car cela ne seroit pas intelligible, si l'on ne supposoit deux différentes Epoques d'années, dont l'une, qui doit estre l'Astronomique, commence tantost au cinquiéme, & tantost au sixiéme mois de l'autre, qui est la Civile. Ce qui m'a fait encore connoistre que l'Epoque Astronomique est différente de l'Epoque Civile non-seulement dans les mois, mais aussi dans les années, c'est l'opération que l'on fait icy pour trouver l'année de la naissance de quelqu'un, en soustrayant son âge du nombre des années échûës depuis l'Epoque ; car cette opération seroit inutile, si l'on ne demandoit que l'année de la naissance aprés l'Epoque Civile que l'on connoist immédiatement, & que l'on compare à l'année courante pour sçavoir l'âge d'une personne.

Cela estant supposé, j'ay cherché premiérement le siécle auquel cette Epoque Astronomique se peut rapporter ; & ayant trouvé dans le calcul du Soleil fait par cette méthode, que deux signes & vingt degrez qu'on y employe ne sçauroient marquer que l'endroit du

Zodiaque où se trouvoit l'apogée du Soleil dans l'Epoque, lequel apogée devoit estre au vingtiéme degré des Gémeaux; j'ay jugé que cette époque devoit estre vers le septiéme siécle, où l'apogée du Soleil se trouvoit au vingtiéme degré des Gémeaux selon la plusspart des Tables Astronomiques.

Secondement, ayant trouvé que le nombre 621, que l'on entremesle au calcul du Soleil, ne sçauroit estre que le nombre des jours compris entre l'Epoque Astronomique & le retour de l'apogée de la Lune au commencement du Zodiaque; & que le nombre 3232, que l'on y employe en suite, ne sçauroit estre que le nombre des jours pendant lesquels cét apogée fait une révolution; j'ay établi que l'apogée de la Lune, qui en 621 jours fait deux Signes & 9 degrez, estoit dans cette Epoque au 21 degré du Capricorne: Et parce que l'apogée de la Lune par la révolution qu'il fait en 8 ans & $\frac{1}{3}$, retourne au mesme degré du Zodiaque douze fois en un siécle; j'ay distingué les années du siécle ausquelles l'apogée de la Lune s'est trouvé en ce degré, & j'ay exclu les autres années.

Troisiémement, ayant trouvé par la maniére dont on se sert icy pour calculer le lieu du Soleil, que cette Epoque Astronomique est tres-proche de l'Equinoxe moyen du printemps, qui au septiéme siécle arrivoit le 20 ou 21 de Mars; parmi ces années choisies j'en ay cherché une dans laquelle l'apogée de la Lune arrivast à ce degré du Capricorne vers le 21 de Mars, ce qui ne se rencontre qu'une fois en 62 années à quelques degrez prés; & j'ay trouvé qu'en l'année 638. de Jesus-Christ, l'apogée de la Lune estoit au 21 degré du Capricorne le 21 de Mars.

Quatriémement, j'ay remarqué que cette Epoque Astronomique doit avoir commencé à une nouvelle Lune, parce qu'on réduit les mois lunaires en jours pour trouver le nombre des jours depuis l'Epoque, & la valeur des mois entiers estant ostée de la somme des jours, le reste sert pour trouver la distance de la Lune au Soleil.

En l'année 638 de Jesus-Christ la nouvelle Lune équinoxiale arriva le 21 de Mars à trois heures du matin à Siam, lors que le Soleil par son moyen mouvement parcouroit le premier degré d'Aries, l'apogée du Soleil estant au 20 degré des Gémeaux, & celuy de la lune au 21 degré du Capricorne. Ce jour fut encore remarquable par une grande éclipse de Soleil qui arriva le mesme jour, mais 14 heures aprés la conjonction moyenne.

Cinquiémement, par la maniére de trouver le jour de la semaine qui est pratiquée icy, il paroist que le jour de l'Epoque fut un Samedi: Et le 21 de Mars de l'an 638 fut aussi un Samedi. Cela confirme encore la certitude de cette Epoque, & fait connoistre le sçavoir & le jugement de ceux qui l'ont établie, qui ne se sont pas contentez d'une Epoque Civile, comme ont fait les autres Astronomes ; mais qui en ont pris une Astronomique qui fust le principe naturel de plusieurs révolutions, lesquelles ne sçauroient recommencer ensemble qu'aprés plusieurs siécles. Cette Epoque est éloignée de 5 ans & 278 jours de l'Epoque Persienne de Jesdegerdes, dont la premiére année commence en l'an de Jesus-Christ 632 au 16 de Juin. Ces régles Indiennes pourtant ne sont pas tirées des Tables Persiennes rapportées par Crisococa : car ces Tables font l'apogée du Soleil plus reculé de deux degrez, & l'apogée de la Lune plus avancé de six degrez ; ce qui ne s'accorde pas si bien avec nos Tables modernes. Les Tables Persiennes font aussi l'équation du Soleil plus petite de 12 minutes, & celle de la Lune plus grande de 4 minutes ; ce qui s'accorde mieux avec les modernes.

Ces régles Indiennes ne sont pas non plus tirées des Tables de Ptolomée où l'apogée du Soleil est fixe au 5e degré & demi des Gémeaux ; ni des autres Tables faites depuis qui font toutes cét apogée mobile. Il semble donc qu'elles ont esté inventées par les Indiens ; ou que peut-estre elles ont esté tirées de l'Astronomie Chinoise, comme on le pourroit conjécturer de ce que dans cét Extrait les nombres sont écrits de haut en bas à la maniére des Chinois : mais il se peut faire que cette maniére d'écrire les nombres soit commune à ces deux nations.

Ayant trouvé l'Epoque Astronomique de cette méthode, & le rapport qu'elle a avec les années Juliennes ; on peut réctifier les Epoques des mouvemens du Soleil & de la Lune par les Tables modernes, en ajoustant environ une minute par an à l'apogée du Soleil, & en corrigeant les autres périodes. Ainsi il n'y aura plus de difficulté à réduire en jours les années & les mois depuis l'Epoque ; & si l'on corrige aussi les équations conformément aux Tables modernes, on trouvera par cette mesme méthode le lieu du Soleil & celuy de la Lune avec beaucoup plus de justesse. Nous donnerons cette corréction avec le supplément de ce qui manque à ces régles, aprés que nous les aurons expliquées.

RÉGLES pour trouver le lieu du Soleil & de la Lune au temps de la naissance de quelqu'un.

EXPLICATION.

I.

1°. *Posez* l'Ere.

I.

1°. L'*Ere* en ce lieu est le nombre des années depuis l'Epoque Astronomique, d'où l'on prend le mouvement des Planettes, jusqu'à l'année courante; ce qui paroistra dans la suite.

2°. *Soustrayez l'âge de la personne de* l'Ere, *vous aurez l'âge de la naissance.*

2°. *L'âge de la personne* est le nombre des années depuis sa naissance jusqu'à l'année courante, qui estant osté de l'Ere, reste *l'âge de la naissance*, c'est-à-dire, l'an depuis l'Epoque astronomique dans lequel la naissance est arrivée.

3°. *Multipliez-la par 12.*

3°. En multipliant les années par 12 on les réduit en mois. Ces mois seront solaires chacun de 30 jours 10 heures & demie, un peu plus ou un peu moins, selon les diverses hypotheses, si les années sont solaires; ou à peu prés si elles sont lunisolaires & en si grand nombre, que l'excés des unes récompense le defaut des autres.

4°. *Ajoustez-y le nombre des mois de l'année courante: & pour cela, si l'année courante est* Attikamaat, *c'est-à-dire, si elle a 13 mois de la Lune, vous commencerez à compter par le 5 mois; que si elle n'est point* Attikamaat, *vous commencerez à compter par le 6 mois.*

4°. La forme de l'année dont il s'agit icy, est lunisolaire, puis qu'il y en a de communes de 12 mois lunaires, & d'abondantes ou embolismiques, appellées *Attikamaat,* de 13 mois lunaires. De ce que l'on commence à compter les mois, non par le premier mois de l'année, mais par le cinquiéme, si l'année est embolismique, & par le sixiéme si l'année n'est pas embolismique, j'ay inferé qu'il y a deux Epoques & deux formes d'années différentes, l'une Astronomique, & l'autre Civile; que le premier mois de l'année Astronomique commence au cinquiéme mois de l'année Civile embolismique, qui seroit le sixiéme mois sans l'insertion du mois embolismique qu'on ne compte point parmi les 12 mois, & qu'on suppose estre inseré auparavant; & que dans

dans les autres années, dont tous les mois ſont comptez de ſuite ſans intercalation, le premier mois de l'année Aſtronomique n'eſt compté qu'au ſixiéme mois de l'année Civile.

Mais comme l'on ne détermine pas icy expreſſément ſi on doit commencer à compter un mois entier au commencement ou à la fin du 5ᵉ ou du 6ᵉ mois, il ſe peut faire que l'on prenne pour premier mois de l'année Aſtronomique celuy qui finit au commencement des mois dont il eſt parlé dans cét article. En ce cas, l'intervalle entre le commencement de l'année Civile, & le commencement de l'année Aſtronomique ne ſeroit que de 3 ou de 4 mois entiers: au lieu que ſi l'on ne compte un mois entier qu'à la fin du 5ᵉ ou du 6ᵉ mois, & que le premier mois que l'on compte ſelon cette regle ſoit le premier de l'année Aſtronomique; l'intervalle entre les commencemens de ces deux eſpeces d'années ſera de 4 ou de 5 mois entiers. Nous verrons dans la ſuite, que les Indiens ont diverſes eſpeces d'années Aſtronomiques, dont les commencemens ſont differens, & ne ſont pas beaucoup éloignez de l'Equinoxe du Printemps; au lieu que l'année Civile doit commencer avant le Solſtice de l'Hyver, tantoſt au mois de Novembre, tantoſt au mois de Décembre de l'année Grégorienne.

On ajouſte le nombre des mois de l'année courante, qui ſont mois lunaires, à ceux qu'on a trouvez par l'article 3 qui ſont mois ſolaires; & l'on ſuppoſe que la ſomme, toute hétérogene qu'elle eſt, ſoit égale au nombre des mois ſolaires échûs depuis l'époque Aſtronomique. On néglige la difference qu'il peut y avoir, qui en une année ne ſçauroit monter à un mois entier; mais on pourroit s'y tromper d'un mois dans la ſuite des années, ſi on ne prenoit bien garde aux intercalations des mois, aprés leſquelles le nombre des mois que l'on compte dans l'année Civile, eſt plus petit que celuy que l'on compteroit ſans les intercalations precedentes.

5°. *Multipliez par 7 le nombre trouvé art. 4.*

6°. *Diviſez la ſomme par 228.*

7°. *Joignez le quotient de la diviſion au nombre trouvé art. 4; cela vous donnera le* Maaſaken *(c'eſt-à-dire, le nombre des mois) que vous garderez.*

5°. 6°. 7°. On cherche icy le nombre des mois lunaires depuis l'époque Aſtrononique dont on a parlé à l'article 1, juſqu'au commencement du mois courant: ce que l'on fait en réduiſant les mois ſolaires que l'on ſuppoſe avoir eſté trouvez cy-deſſus, en mois lunaires, par le moyen de la difference qui eſt entre les uns & les autres. Dans les opérations que l'on fait, on ſuppoſe que comme 228 eſt à 7, ainſi le nombre des mois ſolaires donné, eſt à la différence dont le nombre des mois lunaires ſurpaſſe le nombre donné des mois ſolaires écoulez pendant le mesme espace de temps; qu'ainsi en 228 mois solaires, qui font 19 années, il y a 228 mois lunaires & 7 mois de plus, c'est-à-dire, 235 mois lunaires. Voicy donc une période semblable à celle de Numa & de Méton, & à nostre Cycle du nombre d'Or de 19 années pendant lesquelles la Lune se rejoint 235 fois au Soleil.

Nous verrons néanmoins dans la suite que ces periodes qui s'accordent ensemble dans le nombre des mois lunaires & des années solaires, ne s'accordent point dans le nombre des heures, à cause de la grandeur de l'année solaire & du mois lunaire, qui est supposée diverse dans ces diverses periodes: & que l'Indienne n'est point sujette à une faute si grande que le cycle ancien du nombre d'Or, qu'on a esté obligé d'oster du Calendrier Romain dans la correction Grégorienne, parce qu'il donnoit les nouvelles Lunes plus tardives qu'elles ne sont, à peu prés d'un jour en 312 années; au lieu que les nouvelles Lunes déterminées par cette période Indienne s'accordent avec les véritables dans cét intervalle de temps à une heure prés, comme l'on trouvera en comparant ces régles avec les suivantes.

II.

1°. *Posez le* Maasaken.

2°. *Multipliez-le par 30.*

3°. *Joignez-y les jours du mois courant.*

4°. *Multipliez le tout par 11.*

5°. *Ajoustez-y encore le nombre de 650.*

6°. *Divisez le tout par 703.*

7°. *Gardez le numérateur que vous appellerez* Anamaan.

II.

On réduit icy les mois de la Lune en jours: mais parce qu'on fait tous les mois de 30 jours, ce ne seront que des mois artificiels plus longs d'environ 11 heures, 16 minutes que les Astronomiques, ou des jours artificiels qui commencent aux nouvelles Lunes, & sont plus courts de 22 minutes, 32 secondes que les jours naturels de 24 heures, qui commencent toûjours au retour du Soleil au mesme meridien.

On réduit les jours en onziémes de jour, en les multipliant par 11: & on y ajouste 650 onziémes, qui font 59 jours & $\frac{1}{11}$. Je trouve que ces 59 jours & $\frac{1}{11}$ sont les jours artificiels, qui au jour de l'Epoque estoient échûs depuis qu'une onziéme partie de jour naturel, & une onziéme de jour artificiel avoient commencé ensemble sous le méridien des Indes auquel on accommoda ces régles.

Ayant mis à part ce qu'on ajouste toûjours par l'article 5e, il paroist par la 2, 3, 4, 6 & 8 opération, que comme 703 est à 11, ainsi le nombre des jours artificiels qui résulte des opéra-

8°. *Prenez le quotient de la fraction trouvé art. 6, & le soustrayez du nombre trouvé art. 3 : le reste sera l'*horoconne (*c'est-à-dire, le nombre des jours de l'*Ere) *que vous garderez.*

tions de l'art. 2, & 3 est au nombre des jours à rabatre pour avoir le nombre des jours naturels qui répond à ce nombre des jours artificiels : d'où il paroist qu'en faisant le mois lunaire de 30 jours artificiels ; 703 de ces jours surpassent d'onze jours le nombre des jours naturels qui les égalent.

On peut trouver la grandeur du mois lunaire qui résulte de cette hypothese : car si 703 jours artificiels donnent un excés de 11 jours ; 30 de ces jours qui font un mois lunaire, donnent un excés de $\frac{330}{703}$ de jour ; & comme 703 est à 330, ainsi 24 heures sont à 11 heures, 15 minutes, 57 secondes ; & ostant de 30 jours cét excés, il reste 29 jours, 12 heures, 44 minutes, 3 secondes, pour le mois lunaire, qui s'accorde à une seconde prés au mois lunaire déterminé par nos Astronomes.

A l'égard de la valeur de 59 jours & $\frac{1}{11}$ que l'on ajouste avant la division, il paroist que si 703 jours donnent 11 à soustraire, 59 jours & $\frac{1}{11}$ donnent $\frac{650}{703}$ de jour, qui font 22 heures, 11 minutes & demie, dont la fin du jour artificiel a deû arriver avant la fin du jour naturel que l'on prit pour l'Epoque.

L'anamaan est le nombre des 703mes parties de jour qui restent depuis la fin du jour artificiel jusqu'à la fin du jour naturel courant. On s'en sert dans la suite pour calculer le mouvement de la Lune, comme on l'expliquera cy-aprés.

Le quotient que l'on oste du nombre des jours trouvé par l'art. 3. est la différence des jours entiers, qui se trouve entre le nombre des jours artificiels & le nombre des jours naturels depuis l'Epoque.

L'horoconne est le nombre des jours naturels écheus depuis l'époque Astronomique jusqu'au jour courant. Il sembleroit qu'à la rigueur l'addition des jours du mois courant prescrite par l'article 3, ne se devroit faire qu'aprés la multiplication & la division qui sert à trouver la différence des jours artificiels aux jours naturels, parce que les jours du mois courant sont naturels, & non pas artificiels de 30 par mois : Mais on voit par la suite que cela se fait pour avoir avec plus de justesse l'*anamaan* qui sert au calcul du mouvement de la Lune.

III.

1°. Posez l'horoconne.

2°. *Divisez-le par 7.*

III.

IL suit de cette opération & de l'avertissement, que si aprés la division il reste 1, le jour courant sera un Dimanche ; & que s'il ne reste rien, ce se-

3°. *Le numérateur de la fraction est le jour de la semaine.*

Nota, *Que le premier jour de la semaine est le Dimanche.*

ra un Samedy: l'époque Astronomique de l'*horoconne* est donc un Samedy.

Si l'on sçait d'ailleurs quel jour de la semaine est le jour courant, on verra si les opérations précédentes ont esté bien faites.

IV.

1°. Posez l'horoconne.

2° *Multipliez-le par 800.*

3°. *Soustrayez-en 373.*

4°. *Divisez-le par 292207.*

5°. *Le quotient sera l'*Ere, *& le numérateur de la fraction sera le* Krommethiapponne, *que vous garderez.*

IV.

ON réduit icy les jours en 800es de jour. Le nombre 373 de l'article 3 fait $\frac{373}{800}$ de jour, qui font 11 heures & 11 minutes. Elles ne peuvent venir que de la différence des Epoques, ou de quelque corréction, puis que c'est toûjours le mesme nombre que l'on soustrait. L'Epoque de cette Section IV. pourra donc estre 11 heures & 11 minutes aprés la précédente.

L'*Ere* sera un nombre de périodes de jours depuis cette nouvelle Epoque, 800 desquelles feront 292207 jours. La question est de sçavoir quelles seront ces périodes? 800 années Grégoriennes, qui approchent de fort prés d'autant d'années solaires tropiques, font 292194 jours. Si donc nous supposons que l'*Ere* soit le nombre des années solaires tropiques depuis l'Epoque, 800 de ces années seront trop longues de 13 jours selon la corréction Grégorienne.

Mais si nous supposons que ce soient des années anomalistiques pendant lesquelles le Soleil retourne à son apogée, ou des années astrales pendant lesquelles le Soleil retourne à la mesme étoile fixe; il n'y aura presque point d'erreur: car en 13 jours, qui est l'excés de 800 de ces périodes sur 800 années Grégoriennes, le Soleil fait par son moyen mouvement $12^d. 48'. 48''$. que l'apogée du Soleil fait en 800 ans à raison de $57''. 39'''$. par an. Albategnius fait le mouvement annuel de l'apogée du Soleil de $59''. 4'''$. & celuy des étoiles fixes de $54''. 34'''$. & il y a des Astronomes modernes qui font ce mouvement annuel de l'apogée du Soleil de $57''$; & celuy des étoiles fixes de $51''$. Donc si ce qui est icy appellé *Ere*, est le nombre des années anomalistiques ou astrales: ces années seront à peu prés conformes à celles qui sont établies par les Astronomes anciens & modernes. Néanmoins il paroist par les régles qui suivent, que l'on se sert de cette forme d'année comme si elle estoit la tropique, pendant laquelle le Soleil retourne au mesme lieu du Zodiaque, & qu'on ne la distingue point des deux autres espéces d'années.

Le *Krommethiapponne* qui reste aprés la division précédente, c'est-à-dire, à-dire, aprés avoir pris toutes les années entiéres depuis l'Epoque, sera donc les 800es parties de jour, qui restent aprés le retour du Soleil au mesme lieu du Zodiaque: & il paroist par les opérations suivantes que ce lieu estoit le commencement d'Aries. Ainsi selon cette hypothese l'Equinoxe moyen du printemps sera arrivé 11 heures 11′ aprés l'Epoque de la Séction précédente.

V.

1°. *Posez le* Kromme-thiapponne.

2°. *Soustrayez-en l'*Ere.

3°. *Divisez le reste par* 2.

4°. *Negligeant la fraction, soustrayez* 2 *du quotient.*

5°. *Divisez le reste par* 7 *: la fraction vous donnera le jour de la semaine.*

Nota, *Que quand je diray la fraction, je n'entends parler que du Numérateur.*

V.

Puisqu'à l'article 3e on a trouvé le jour de la semaine par l'*horoconne* d'une maniére tres-facile, il est inutile de s'arrester à celle-cy qui est plus longue & plus composée.

VI.

1°. Horoconne.

2°. *Soustrayez-en* 621.

3° *Divisez le reste par* 3232. *La fraction s'appelle* Outhiapponne, *que vous garderez.*

VI.

Cette soustraction de 621 que l'on oste toûjours de l'*horoconne*, quelque nombre que l'*horoconne* contienne, marque une Epoque qui est 621 jours aprés l'Epoque de l'*horoconne.*

Le nombre 3232 doit estre le nombre des jours que l'apogée de la Lune employe à parcourir le cercle du Zodiaque; car 3232 jours font 8 années Juliennes & 310. jours. Pendant ce temps cét apogée acheve une révolution à raison de 6′. 41″, qu'il fait par jour, mesme selon les Astronomes d'Europe. L'apogée de la Lune acheva par conséquent sa révolution 621 jours aprés l'Epoque de l'*horoconne.* On fait donc icy: Comme 3232 jours sont à une révolution de l'apogée, ainsi le nombre des jours aprés l'Epoque de l'*horoconne* est au nombre des révolutions de l'apogée. On garde le reste qui est le nombre des jours appellé *Outhiapponne.* L'*Outhiapponne* sera donc le nombre des jours échûs depuis le retour de l'apogée de la Lune au commencement du Zodiaque; ce qui paroistra plus évidemment dans la suite.

*Si vous voulez avoir le jour de la semaine par l'*Outhiapponne, *prenez le quotient de la division susdite;*

Ayant déja expliqué la vraye méthode de trouver le jour de la semaine, il est inutile de s'arrester à celle-cy. On laisse le soin de l'examiner, &

*multipliez-le par 5; puis joignez-le à l'*Outhiapponne*; puis soustrayez-en 2 jours; divisez par 7. la fraction marquera le jour.*

Tout ce que dessus s'appelle Poulasouriat, *comme qui diroit la force du Soleil.*

d'en chercher le fondement à ceux qui en auront la curiosité.

Nonobstant le nom de *Force du Soleil* que l'on donne icy aux opérations précédentes, il est constant que ce qui a esté expliqué jusqu'à présent, appartient non seulement au Soleil, mais aussi à la Lune.

VII.

1°. *Posez le* Krommethiapponne.

2°. *Divisez-le par 24350.*

3°. *Gardez le quotient, qui sera le* Raasi, *c'est-à-dire, le Signe où sera le Soleil.*

VII.

Pour trouver ce que c'est que le nombre 24350, il faut considérer que le *Krommethiapponne* sont les 800mes parties de jour qui restent aprés le retour du Soleil au mesme lieu du Zodiaque, & que l'année solaire contient 292207. de ces parties, comme il a esté dit dans l'explication de la Séction 4. La douziéme partie d'une année contiendra donc 24350 & $\frac{7}{12}$ de ces 800mes parties: c'est pourquoy le nombre 24350 marque la 12e partie d'une année solaire pendant laquelle le Soleil par son moyen mouvement fait un Signe.

Puis que donc $\frac{24350}{800}$ de jour donnent un signe, le *Krommethiapponne* divisé par 24350 donnera au quotient les Signes que le Soleil a parcouru depuis son retour par son moyen mouvement au mesme lieu: le *Raasi* donc est le nombre des Signes parcourus par le moyen mouvement du Soleil. On néglige icy la fraction $\frac{7}{12}$, de sorque l'année solaire reste icy de $\frac{292200}{800}$, c'est-à-dire, de 365 jours $\frac{1}{4}$, comme l'année Julienne.

4°. *Posez la fraction de la division susdite, & la divisez par 811.*

5°. *Le quotient de la division sera le* Ongsaa, *c'est-à-dire, le degré où sera le Soleil.*

Puis que par l'article précedent $\frac{24350}{800}$ de jour donnent un Signe du moyen mouvement du Soleil, la 30e partie de $\frac{24330}{800}$ donnera un degré, qui est la 30e partie d'un Signe. La 30e partie de 24330 est 811 $\frac{2}{3}$ qui font un degré: divisant donc le reste par 811 $\frac{2}{3}$, on aura le degré du moyen mouvement du Soleil. On néglige icy les $\frac{2}{3}$ qui ne peuvent faire une différence considérable.

6°. *Posez la fraction de cette derniére division, & la divisez par 14.*

Puis que dans un degré il y a $\frac{811}{800}$ parties; dans une minute, qui est la 60e partie d'un degré, il y aura 13 $\frac{11}{60}$

7°. *Le quotient sera le* Libedaa, *c'est-à-dire, la minute.*

8°. *Soustrayez 3 du* Libedaa.

9°. *Mettez ce qui est au* Libedaa *au dessous de l'*Ongsaa, *&* l'Ongsaa *au dessous du* Raasi: *cela fera une figure qui s'appellera le* Matteiomme *du Soleil que vous garderez: Je croy que c'est* locus medius Solis.

de ces parties. Négligeant la fraction, l'on prend le nombre 14, qui divisant le reste, donnera les minutes. La soustraction que l'on fait icy de 3 minutes est une réduction dont nous parlerons dans la suite.

On prescrit icy de mettre les degrez sous les Signes, & les minutes sous les degrez en cette maniére, *raasi*, Signes.
ongsaa, degrez.
libedaa, minutes.
Cette disposition des Signes, degrez & minutes l'un au dessous de l'autre est appellée *figure*, & elle marque icy le lieu moyen du Soleil.

VIII.
POUR TROUVER le vray lieu du Soleil.

1°. *Posez le* Matteiomme *du Soleil, c'est-à-dire, la figure qui comprend ce qui est dans le* raasi, *le* ongsaa, *&* *le* libedaa.

2°. *Soustrayez 2 du* raasi. *Que si cela ne se peut, ajoustez 12 au* raasi *pour le pouvoir faire; puis le faites.*

3°. *Soustrayez 20 du* ongsaa. *Que si cela ne se peut, tirez 1 du* raasi, *qui vaudra 30 dans le* ongsaa; *puis vous tirerez le 20 susdit.*

VIII.

Le nombre 2, que l'on soustrait du *Raasi* dans l'art. 2; & le nombre 20, que l'on soustrait de l'*ongsaa* dans l'art. 3, sont 2 Signes & 20 degrez qui marquent sans doute le lieu de l'apogée du Soleil selon cette hypothese, dans laquelle on ne voit aucun nombre qui réponde au mouvement de l'apogée. Il paroist donc que cét apogée est supposé fixe au 20 degré des Gémeaux qui précéde le lieu véritable de l'apogée, comme il est à présent, de 17 degrez, que cét apogée ne fait qu'en 1000 ans, ou à peu prés: d'où l'on peut juger que l'époque de cette methode est environ mille ans avant le siécle présent. Mais comme la grandeur de l'année s'accorde mieux icy avec le retour du Soleil à l'apogée & aux étoiles fixes, qu'avec le retour du Soleil aux Equinoxes; il se peut faire que le commencement des Signes dont on se sert icy, ne soit plus présentement au point équinoxial, mais qu'il soit plus avancé de 17 ou 18 degrez, & ainsi il aura besoin d'estre corrigé par l'anticipation des Equinoxes. On soustrait donc icy l'apogée du Soleil de son lieu moyen appellé *Matteiomme*, pour avoir l'anomalie du Soleil; & le nombre des Signes de cette anomalie est ce qu'on appelle *Kenne*.

4°. *Ce qui restera aprés, cela s'appellera* Kenne.

5°. *Si le* Kenne *est 0, 1, ou 2: multipliez-le par 2; vous aurez le* Kanne.

6°. *Si le* Kenne *est 3, 4, ou 5; vous soustrairez la figure de cette figure-cy*

5
29
60

qui s'appelle attathiat, *&* *vaut 6 Signes.*

7° *Si le* Kenne *est 6, 7, 8; soustrayez 6 du* raasi, *le reste sera le* Kanne.

8°. *Si le* Kenne *est 9, 10, 11; soustrayez la figure de cette figure-cy*

11
29
60

qui s'appelle Toüataasamounetonne, *& vaut 12 Signes: le reste dans le* Raasi *sera le* Kanne.

9°. *Si vous pouvez, tirez 15 du* ongsaa; *ajoustez 1 au* Kanne: *si vous ne pouvez point, n'y ajoustez rien.*

Il paroist par ces régles que le *Kanne* est le nombre des demi-Signes de la distance de l'apogée ou du périgée, prise selon la suite des Signes, selon que le Soleil est plus proche d'un terme que de l'autre: de sorte qu'à l'article 5 on prend la distance de l'apogée selon la suite des Signes, à l'article 6 la distance du périgée contre la suite des Signes, à l'article 7 la distance du périgée selon la suite des Signes, & à l'article 8 la distance de l'apogée contre la suite des Signes. Dans les articles 6, 7, & 8, il semble qu'il faut toûjours sousentendre *Multipliez le raasi par 2*, comme il paroist dans la suite.

Dans l'article 6 quand les degrez de l'anomalie excédent 15, on ajouste 1 au *Kanne*; parce que le *Kanne*, qui est un demi-Signe, vaut 15 degrez.

10°. *Multipliez le* ongsaa *par 60.*

11°. *Joignez-y le* libedaa: *cela sera le* pouchalit, *que vous garderez.*

12°. *Considérez le* Kanne. *Si le* Kanne *est* 0, *prenez le premier nombre du* chaajaa *du Soleil, qui est 35; & multipliez-le par le* pouchalit.

13°. *Si le* Kanne *est quelqu'autre nombre, prenez selon le nombre, le nombre du* chaiaa aattit, *& le soustrayez du nombre du dessous; puis ce qui restera dans le nombre du dessous, multipliez-en le* pouchalit. *Par exemple, si le*

On réduit icy les degrez & les minutes du *Kanne* en minutes, dont le nombre est appellé le *pouchalit.*

Il paroist par ces opérations, que le *Chaaiaa* est l'équation du Soleil calculée de 15 en 15 degrez, dont le premier nombre est 35, le second 67, le troisiéme 94; & que ce sont des minutes, qui sont entr'elles comme le sinus de 15, de 30, & de 45 degrez: d'où il s'ensuit que les équations de 60, 75, & 90 degrez sont 116, 129, 134, qui sont disposez à part en cette forme, & répondent par ordre au nombre du *Kanne* 1, 2, 3, 4, 5, 6. Pour les autres degrez on prend la partie proportionnelle de la différence

35
67
94
116
129
134

Kanne *est 1, soustrayez 35 de 67, & du reste multipliez. Si le* Kanne *est 2, soustrayez 67 de 94, & du reste multipliez le* pouchalit.

14°. *Divisez la somme du* pouchalit *multiplié par 900.*

15°. *Joignez le quotient au nombre supérieur du* chaiaa *dont vous vous estes servis.*

16°. *Divisez la somme par 60.*

17°. *Le quotient sera* ongsaa: *la fraction sera le* libedaa. *Mettez un o au lieu du* raasi.

18°. *Mettez la figure trouvée par l'art. précédent vis-à-vis du* matteiomme *du Soleil.*

19°. *Considérez le* Ken *de cy-dessus. Si le* Ken *est 0, 1, 2, 3, 4, 5; il s'appelle* Ken soustrayant: *ainsi vous soustrayerez la figure trouvée à l'art. 17 du* matteiomme *du Soleil.*

20°. *Si le* Ken *est 6, 7, 8, 9, 10, 11, il s'appelle* Ken ajoustant: *ainsi vous joindrez ladite figure au* matteiomme *du Soleil; ce qui vous donnera enfin le* sommepout *du Soleil que vous garderez précieusement.*

différence d'un nombre à l'autre, qui répond à 15 degrez qui font 900 minutes, faisant Comme 900, à la différence de deux équations; ainsi les minutes qui sont au surplus du *Kanne*, à la partie proportionnelle de l'équation, qu'il faut ajouster aux minutes qui répondent au *Kanne* pour faire l'équation totale. On réduit ces minutes de l'équation en degrez & minutes, les divisant par 60. La plus grande équation du Soleil est icy de 2 degrez, 12 minutes: les Tables Alphonsines la font de 2 degrez, 10 minutes: nous la trouvons d'un degré, 57 minutes. On applique l'équation au lieu moyen du Soleil, pour avoir son vray lieu qu'on appelle *sommepout*.

19°. Cette équation, conformément à la régle de nos Astronomes dans le premier demi-cercle de l'anomalie, est soustractive; & dans le second demi-cercle, additive. On fait icy les opérations arithmétiques mettant l'un sous l'autre ce que nous mettons à costé, & au contraire mettant à costé ce que nous mettons l'un sous l'autre. Par exemple:

	le matteiomme,	*le chayaa,*	*le sommepout,*	
raasi,	8	0	8	signes.
ongsaa,	25	2	27	degrez.
libedaa,	40	4	44	minutes.
	lieu moyen.	équation.	vray lieu.	

IX.

1°. *Posez le* Sommepout *du Soleil.*

2°. *Multipliez par 30 ce qui est dans le* raagi.

3°. *Joignez-y ce qui est dans le* ongsaa.

5°. *Multipliez le tout par 60.*

6°. *Joignez-y ce qui est dans le* libedaa.

7°. *Divisez le tout par 800. le quotient sera la* reuc *du Soleil.*

8°. *Divisez la fraction restante par 13. le quotient sera le* naati reuc, *que vous garderez au dessous du* reuc.

IX.

Il paroist par ces opérations que les Indiens divisent le Zodiaque en 27 parties égales, qui sont chacune de 13 degrez, 40 minutes. Car par les six premiéres opérations on réduit les Signes en degrez, & les minutes du vray lieu du Soleil en minutes; & en les divisant aprés par 800, on les réduit en 27mes parties de cercle; car 800 minutes sont la 27e partie de 21600 minutes qui sont dans le cercle: on appelle donc *reuc* le nombre des 27mes parties du Zodiaque, dont chacune est de 800 minutes, c'est-à-dire, de 13 degrez, 40 minutes. Cette division est fondée sur le mouvement journalier de la Lune, qui est environ de 13 degrez, 40 minutes; comme la division du Zodiaque en 360 degrez, a pour fondement le mouvement journalier du Soleil dans le Zodiaque, qui est à peu prés d'un degré.

La 60e de ces parties est $13\frac{1}{3}$, comme il paroist en divisant 800 par 60. C'est pourquoy on divise le reste par 13, négligeant la fraction, pour avoir ce qu'on appelle icy *natireuc*, qui sont les minutes ou 60mes parties d'un *reuc*.

X.

POUR LA LUNE.

Pour trouver le matteiome de la Lune.

1°. *Posez* l'anamaan.

2°. *Divisez-le par 25.*

3°. *Méprisez la fraction, & joignez le quotient avec* l'anamaan.

4°. *Divisez le tout par 60. le quotient sera* ongsaa, *la fraction sera* libedaa, *& vous mettrez un* o *au* raasi.

X.

Selon l'article 7 de la II. Section l'*anamaan* est le nombre des 703mes parties de jour qui restent depuis la fin du jour artificiel jusqu'à la fin du jour naturel. Quoy que selon cette régle l'*anamaan* ne puisse jamais monter jusqu'à 703; néanmoins si l'on pose 703 pour l'*anamaan*, & qu'on le divise par 25, selon l'article 2, on a $28\frac{3}{25}$ pour le quotient. Ajoûtant 28 à 703, selon l'article 3, la somme 731 sera un nombre de minutes de degré. Diviſant 731 par 60, ſelon l'article 4, le quotient qui eſt 12^{d}, $11'$, eſt le moyen mouvement journalier par lequel la Lune s'éloigne du Soleil.

De ce qui a eſté dit dans la II. Section il réſulte qu'en 30 jours l'*anamaan* augmente de 330. Diviſant 330 par 25, on a dans le quotient $13\frac{1}{5}$. Ajouſtant ce quotient à l'*anamaan*, la ſomme eſt 343, c'eſt-à-dire 5. d. 43'. dont la Lune s'éloigne du Soleil en 30 jours, outre le cercle entier.

Les Tables Européennes font le mouvement journalier de 12^{d}. $11'$. & le moyen mouvement en 30 jours, de 5. d. $43'$. $21''$. outre le cercle entier.

5°. *Poſez autant de jours que vous en avez mis cy-deſſus au mois courant ſect. 2. n° 3.*

6°. *Multipliez ce nombre par 12.*

7°. *Diviſez le tout par 30. le quotient, mettez-le au* raaſi *de la figure précedente qui a un* o *au* raaſi, *& la fraction joignez-la à l'*ongſaa *de la figure.*

8°. *Joignez toute cette figure au* mateiomme *du Soleil.*

9°. *Souſtrayez 40. du* libedaa. *Que ſi cela ne ſe peut, vous tirerez 1. du* ongſaa, *qui vaudra 60.* libedaa.

10°. *Ce qui reſtera dans la figure eſt le* matteiomme *de la Lune cherché.*

Aprés avoir trouvé les degrez & les minutes qui conviennent à l'*anamaan*, on cherche les Signes & les degrez qui conviennent aux jours artificiels du mois courant. Car les multiplier par 12 & les diviſer par 30, c'eſt la meſme choſe que de dire, Si trente jours artificiels donnent 12 Signes, que donneront les jours artificiels du mois courant? On aura dans le quotient les Signes. La fraction ſont des 30mes de Signe, c'eſt-à-dire des degrez. On les joint donc aux degrez trouvez par l'*anamaan*, qui eſt l'excés des jours naturels ſur les artificiels.

La figure dont il eſt parlé icy eſt la diſtance de la Lune au Soleil, aprés qu'on en a oſté 40 minutes, ce qui eſt ou une correction faite à l'époque, ou la réduction d'un Méridien à un autre: comme on l'expliquera dans la ſuite. Cette diſtance de la Lune au Soleil eſtant ajouſtée au lieu moyen du Soleil, donne le lieu moyen de la Lune.

XI.

1°. *Poſez* Outhiapponne.

2°. *Multipliez-le par 3.*

3°. *Diviſez-le par 808.*

4°. *Mettez le quotient au* raaſi.

5°. *Multipliez la fraction par 30.*

XI.

Sur la Section 6. on a remarqué que l'*outhiapponne* eſt le nombre des jours aprés le retour de l'apogée de la Lune qui ſe fait en 3232 jours; 808 jours ſont donc la quatriéme partie du temps de la révolution de l'apogée de la Lune, pendant lequel il fait

6°. *Divisez-la par 808. le quotient sera* ongsaa.

7°. *Prenez la fraction restante, & la multipliez par 60.*

8°. *Divisez la somme par 808. le quotient sera* libedaa.

9°. *Ajoustez 2 au* libedaa; *le* raasi, l'ongsaa, *& le* libedaa *seront le* matteiomme *de* louthia, *que vous garderez.*

XII.

POUR LE SOMPOUT de la Lune.

1°. *Posez le* matteiomme *de la Lune.*

2°. *Posez vis-à-vis, le* matteiomme *de* louthia.

3°. *Soustrayez le* matteiomme *de* louthia *du* matteiomme *de la Lune.*

4°. *Ce qui reste dans le* raasi *sera le* Kenne.

5°. *Si le* Kenne *est 0, 1, 2, multipliez-le par 2, & sera le* Kanne.

6°. *Si le* Ken *est 3, 4, 5, soustrayez-le de cette figure-cy,*

5
29
60

7°. *Si le* Ken *est 6, 7, 8, soustrayez-en 6.*

8°. *Si le* Ken *est 9, 10, 11, soustrayez-le de cette figure-cy,*

11
29
60

3. Signes, qui sont la quatriéme partie du cercle.

On trouve donc par ces opérations le mouvement de l'apogée de la Lune, faisant Comme 808. jours sont à 3. Signes; ainsi le temps passé depuis le retour de l'apogée de la Lune est au mouvement du mesme apogée pendant ce temps. Il paroist par les opérations suivantes que ce mouvement se prend du mesme principe du Zodiaque d'où l'on prend le mouvement du Soleil.

Donc le *matteiomme de louthia*, est le lieu de l'apogée de la Lune.

XII.

TOUTES ces régles sont conformes à celles de la Section VIII. pour trouver le lieu du Soleil, & s'entendent assez par l'explication faite de cette mesme Section.

La différence n'est que dans le *Chaiaa* de la Lune dont il est parlé icy à l'art. 12, & 15. Ce *Chaiaa* consiste dans ces nombres.

77
148
209
256
286
296

La plus grande équation de la Lune est donc de 4 degrez 56 minutes, comme la font quelques Astronomes modernes, quoy-que la pluspart la fassent de 5 degrez dans les conjonctions & dans les oppositions.

9°. *Si le* Kenne *est 1 ou 2, multipliez-le par 2; ce sera le* Kanne.

10°.

10°. *Tirez 15 du* ongsaa, *si cela se peut; vous ajousterez 1 au* raasi; *sinon, vous ne le ferez point.*

11°. *Multipliez* l'ongsaa *par 60, & joignez-y le* libedaa, *& sera le* pouchalit, *que vous garderez.*

12°. *Prenez dans le* Chaiaa *de la Lune le nombre conformément au* Kanne, *comme il a esté dit du Soleil; soustrayez le nombre de dessus de celuy de dessous.*

13°. *Prenez le reste, & en multipliez le* pouchalit.

14°. *Divisez cela par 900.*

15°. *Joignez ce quotient au nombre de dessus du* Chaiaa *de la Lune.*

16°. *Divisez cela par 60: le quotient sera* ongsaa, *la fraction* libedaa, *& un 0 pour le* raasi.

17°. *Mettez vis-à-vis de cette figure le* matteiomme *de la Lune.*

18°. *Considérez le* Ken. *Si le* Ken *est 0, 1, 2, 3, 4, 5, soustrayez la figure du* matteiomme *de la Lune; si le* Ken *est 6, 7, 8, 9, 10, 11, joignez les deux figures ensemble, & vous aurez le* sommepout *de la Lune, que vous garderez bien.*

XIII.

Posez le sommepout *de la Lune, & operant comme vous avez fait au* sommepout *du Soleil, vous trouverez le* reuc *& le* nattireuc *de la Lune.*

XIII.

Cette opération a esté faite pour le Soleil à la Séction IX. Elle est pour trouver la position de la Lune dans ses stations, qui sont les 27mes parties du Zodiaque.

XIV.

1° *Posez le* sommepout *de la Lune.*

2°. *Mettez vis-à-vis le* sommepout *du Soleil.*

3°. *Soustrayez le* sommepout *du Soleil du* sommepout *de la Lune, & restera le* pianne, *que vous garderez.*

XIV.

Le *pianne* est donc la distance de la Lune au Soleil.

XV.

1°. *Prenez le* pianne, *& le posez.*

2°. *Multipliez le* raasi *par 30; joignez-y le* ongsaa.

3°. *Multipliez le tout par 60; & joignez-y le* libedaa.

4°. *Divisez le tout par 720,*

XV.

Ces trois premiéres opérations servent à réduire en minutes la distance de la Lune au Soleil: la divisant par 720, on la réduit à des 30mes parties de cercle, car 720 minutes font la 30e partie de 21600 minutes qui font toute la circonférence. Le fondement de cette division est le mouvement journa-

le quotient s'appelle itti, *que vous garderez.*

5°. *Divisez la fraction par 12, le quotient sera* natti itti.

Fin du Souriat.

lier de la Lune au Soleil, qui est à peu prés de la 30e partie de tout le cercle. On considére donc la position de la Lune, non-seulement dans les Signes & dans ses stations, mais aussi dans les 30mes parties du Zodiaque qui sont de 12 degrez chacune, & s'appellent *itti;* divisant le reste par 12 on a les minutes ou les soixantiémes parties d'un *itti*, qui sont chacune de 12 minutes de degrez, dont la Lune s'éloigne du Soleil dans la soixantiéme partie d'un jour; ces soixantiémes parties s'appellent *natti itti.*

RÉFLEXIONS SUR LES RÉGLES INDIENNES.

I. *Des Epoques particuliéres de la méthode Indienne.*

APRE'S avoir expliqué les régles comprises dans les Sections précédentes, & trouvé diverses périodes d'années, de mois, & de jours, qu'elles supposent: il nous reste à expliquer en détail diverses Epoques particuliéres que nous avons reconnuës dans les nombres employez dans cette methode, qui estant comparées ensemble peuvent servir à déterminer l'année, le mois, le jour, l'heure, & le meridien de l'Epoque Astronomique dont il n'est point parlé dans les régles Indiennes, qui la supposent connuë d'ailleurs.

Par les régles de la Section I. on cherche le nombre des mois lunaires échûs depuis l'Epoque Astronomique. L'Epoque que l'on suppose dans cette Section est donc celle des mois lunaires; & par conséquent elle doit estre à l'heure de la conjonction moyenne d'où commence le mois où est l'Epoque.

Par les régles de la Section II. on réduit premiérement les mois lunaires échûs depuis l'Epoque en jours artificiels de 30 par mois, qui sont plus courts que les jours naturels, d'un midy à l'autre, de $\frac{11}{703}$ de jour, c'est-à-dire, de 22 minutes 32 secondes d'heure. Ces jours artificiels ont donc leur commencement aux nouvelles Lunes, & à chaque trentiéme partie de mois lunaire; mais les jours naturels commencent toûjours naturellement à minuit sous un mesme meridien. Le terme des jours artificiels ne s'accorde donc pas avec le terme des jours naturels dans la mesme heure & la mesme minute, sinon quand le mois, ou une des 30es parties du mois commence à minuit sous le méridien donné au choix de l'Astronome. Aprés ce commun commencement la fin du jour artificiel prévient la fin du jour naturel sous le mesme méridien de $\frac{11}{703}$ de jour, dans lesquelles consiste pour lors l'*Anamaan*, qui augmente toûjours d'une 703e de jour à chaque onziéme partie du jour, jusqu'à ce que le nombre des 703es parties, monte à 703, ou surpasse ce nombre: car alors on prend 703 de ces parties pour un jour dont le nombre des jours artificiels surpasse le nombre des jours naturels échûs depuis l'Epoque; & le reste, s'il y en a, est l'*Anamaan*. Le jour de cette rencontre ou concours du terme des jours artificiels avec le terme des jours naturels sous le méridien que l'on choisit, est toûjours une nouvelle Epoque de l'*Anamaan*, qui se réduit à rien, ou à moins de 11, aprés avoir atteint ce nombre 703; ce qui n'arrive qu'à peu prés, à chaque période de 64 jours, comme il paroist en divisant 703 par 11, & plus exactement, onze fois en 703 jours. On prend donc à chaque temps donné pour l'Epoque de l'*Anamaan* le jour de la rencontre précédente du commencement des jours artificiels avec le commencement des jours naturels, qui sous un mesme méridien n'arrive que cinq ou six fois en une année.

Puisque donc à l'article 5 de la Section II, on adjouste 650 onziémes de jour à celles qui sont achevées depuis l'Epoque de la Section I, on suppose que cette Epoque fut précédée d'une autre Epoque qui ne sçauroit estre que celle de l'*Anamaan*, de 650 onziémes de jour; c'est-à-dire, de 59 jours $\frac{1}{11}$, qui donnent $\frac{610}{703}$ de jour pour l'*Anamaan*, sous le méridien des Indes Orientales auquel on accommoda les régles de cette Section II. Ce qui marque que sous ce méridien la conjonction moyenne qui donna principe au jour artificiel depuis l'Epoque Astronomique, fut de $\frac{610}{703}$ de jour avant la fin du jour naturel dans lequel cette conjonction arriva; & par conséquent qu'elle y arriva à une heure 49 minutes du matin, sous le méridien que l'on suppose à la mesme Section : mais à l'article 9 de la Section X, on oste 40 minutes au mouvement de la Lune, & à l'article 8 de la Section VII, on oste 3 minutes au mouvement du Soleil; ce qui éloigne la Lune du Soleil de 37 minutes, à l'heure que l'on supposoit estre arrivé la conjonction moyenne de la Lune au Soleil, à la Section II.

C'est pourquoy j'ay jugé que les 40 minutes ostées au mouvement de la Lune, & les trois minutes ostées au mouvement du Soleil, résultent de quelque difference entre le méridien auquel ces régles ont esté accommodées du commencement, & d'un autre méridien auquel on les a réduites depuis : de sorte que sous le méridien supposé à la Section II, la nouvelle Lune dans l'Epoque arriva à 1 heure 49 minutes du matin; mais sous le méridien que l'on suppose à l'article 9 de la Section X, à la mesme 1 heure 49 minutes aprés minuit, la Lune estoit encore éloignée du Soleil de 37 minutes qu'elle fait en une heure 13 minutes; donc sous le méridien supposé dans l'article 9 de la Section X, la nouvelle Lune ne seroit arrivée qu'à trois heures 2 minutes aprés minuit. Le méridien auquel ces régles ont esté réduites, seroit donc plus oriental que le méridien choisi du commencement de 1 heure 13 minutes, c'est-à-dire, de 18 degrez & un quart, & ayant supposé qu'on les ait réduites au méridien de Siam, elles auroient esté accommodées du commencement, à peu prés, au méridien de Narsinga.

Ce qui persuade davantage que cette soustraction de 40 minutes au mouvement de la Lune, & de 3 minutes au mouvement du Soleil, est causée de la difference des méridiens de 1 heure 13 minutes,

tes, eſt qu'en 1 heure 13 minutes la Lune fait 40 minutes, & le Soleil en fait 3 : c'eſt donc par la meſme différence de 1 heure 13 minutes que l'on a oſté 3 minutes au mouvement du Soleil, & 40 minutes au mouvement de la Lune.

Sans cette correſpondance de ce qu'on oſte au mouvement du Soleil avec ce qu'on oſte au mouvement de la Lune, qui montre avoir pour fondement la meſme différence de temps, & par conſéquent la meſme différence des méridiens, on auroit pû croire que la ſouſtraction de ces 40 minutes a eſté faite long-temps aprés ces premiéres régles; parce que l'on s'eſt apperceû dans la ſuite des temps, que le mouvement de la Lune n'eſtoit pas préciſément auſſi vîte, qu'il réſulte des régles précedentes, qui font le mois lunaire environ trois quarts d'une ſeconde plus court que les Tables modernes; & cette différence monte à une heure & 13 minutes d'heure en 450 ans, ou à peu prés. Ainſi, ſi 450 ans aprés l'Epoque on euſt comparé les premiéres régles aux obſervations, on auroit pû juger que la Lune retardoit, à l'égard de ces premiéres régles, de 1 heure & 13 minutes, ou de 40 minutes de degré. Mais cette différence qui eſt toûjours la meſme quand on l'attribuë à la différence des méridiens, ne ſeroit pas toûjours la meſme ſi elle dépendoit du mouvement de la Lune; car elle augmenteroit d'une minute en 12 ans, à quoy il auroit fallu avoir égard dans la correction de ces régles.

II. Détermination de l'Epoque Aſtronomique de la méthode Indienne.

PUIS que ces régles Indiennes ont eſté apportées de Siam, & que l'année Civile des Siamois commence dans la ſaiſon que nous trouvons devoir commencer ſelon les régles de la Section I, comme nous montrerons cy-aprés, il eſt raiſonnable de ſuppoſer que le méridien auquel ces régles ont eſté réduites par les additions dont il eſt parlé dans la Section VII, & dans la Section X, eſt le méridien de Siam : donc par le calcul que nous venons de faire, la nouvelle Lune qu'on a pris pour Epoque, a deû arriver à 3 heures du matin à Siam. Comme le mois lunaire de cette méthode s'accorde à une ſeconde prés avec le mois lunaire établi par tous les Aſtronomes d'Europe, l'on peut ſuppoſer que cette heure de la nouvelle Lune de l'Epoque eſt aſſez préciſe, pouvant eſtre tirée des obſervations des éclipſes de Lune, qui ſont beaucoup plus faciles à déterminer que tous les autres phénoménes des Planetes. Nous nous pouvons donc ſervir des Tables communes pour chercher les nouvelles Lunes arrivées vers le ſeptiéme ſiécle à trois heures du matin au méridien de Siam, dont la différence au méridien de

Paris nous est connuë assez exactement par plusieurs observations d'éclipses de Lune, & des Satellites de Jupiter, que les Peres Jésuites envoyez par le Roy dans l'Orient en qualité de Mathématiciens de Sa Majesté, ont faites à Siam, & par les observations des mesmes éclipses faites en mesme temps à Paris à l'Observatoire Royal ; par la comparaison desquelles observations on trouve que la différence des méridiens de ces deux villes est de six heures 34 minutes.

A ce caractére de temps nous pouvons ajouster la circonstance de l'Equinoxe moyen du Printemps, qui selon l'hypothese de la Section IV a deû arriver à 11 heures 11 minutes aprés la minuit qui suivit la conjonction moyenne de la Lune au Soleil prise pour Epoque, selon ce qui a esté dit sur l'article 5 de la Section IV, où l'on oste $\frac{373}{800}$ de jour, c'est-à-dire, 11 heures & 11 minutes des jours échûs depuis l'Epoque; ce qui diminuë d'autant le *Krommethiapponne* que nous avons dit estre le temps échû depuis le retour du Soleil au point du Zodiaque, d'où l'on prend le mouvement du Soleil & de la Lune, qui doit estre le point équinoxial du Printemps.

Mais il ne faut pas prétendre que les Tables modernes donnent la mesme heure de cette Equinoxe : car elles ne s'accordent pas bien ensemble dans les Equinoxes, à cause de la grande difficulté que l'on trouve à les déterminer précisément. Elles ne conviennent pas avec les Tables anciennes de Ptolomée dans les Equinoxes moyens, à 3 ou 4 jours prés : c'est pourquoy il suffit que nous trouvions par les Tables modernes une nouvelle Lune arrivée à 3 heures du matin à Siam, à un ou deux jours prés de l'Equinoxe moyen du Printemps trouvé par les Tables modernes.

Le lieu de l'apogée du Soleil, qui selon ce que nous avons tiré des régles des articles 2 & 3 de la Section VIII, estoit au temps de l'Epoque Astronomique au 20e degré du Signe des Gémeaux, marque le siécle où il faut chercher cette nouvelle Lune Equinoxiale, laquelle selon les Tables modernes, fut environ le septiéme aprés la Naissance de Jesus-Christ.

Il est vray que comme ces régles ne donnent point de mouvement à l'apogée du Soleil, on pourroit douter, s'il n'estoit pas en ce degré au temps de l'Epoque, ou au temps des observations sur lesquelles ces régles ont esté faites. Mais le siécle de cette Epoque est encore déterminé par un autre caractére joint aux precedens: c'est le lieu de l'apogée de la Lune, qui selon ce que nous avons tiré des articles 2 & 3 de la Section VI, estoit au temps de l'Epoque au 20e degré du Capricorne, & auquel ces régles donnent un mouvement conforme à celuy que luy donnent nos Tables ; quoyqu'elles ne s'accordent ensemble dans les Epoques des apogées, qu'à un ou deux degrez prés.

Enfin le jour de la semaine a deû estre un Samedy dans l'Epoque, puisque selon la Section III, le premier jour aprés l'Epoque fut un Dimanche; & cette circonstance jointe à ce qui a esté dit que le mesme jour fut prés de l'Equinoxe, donne la derniére détermination à l'Epoque.

Nous avons donc cherché une nouvelle Lune Equinoxiale, à laquelle tous ces caractéres conviennent; & nous avons trouvé qu'ils conviennent à la nouvelle Lune qui arriva l'an 638 aprés la Naissance de Jesus-Christ, le 21 de Mars, selon la forme Julienne, un Samedy à 3 heures du matin, au méridien de Siam.

Cette conjonction moyenne de la Lune avec le Soleil, selon les Tables Rudolphines qui sont présentement le plus en usage, arriva en ce jour-là à Siam à la mesme heure, la réduction des méridiens estant faite selon nos observations : & selon ces Tables ce fut 16 heures aprés l'Equinoxe moyen du Printemps; l'apogée du Soleil estant à 19 degrez $\frac{1}{4}$ des Gémeaux; l'apogée de la Lune à 21 degrez & demi du Capricorne; & le nœud descendant de la Lune à 4 degrez d'Aries : de sorte que cette conjonction Equinoxiale eut aussi cela de particulier, qu'elle fut écliptique, estant arrivée à si peu de distance d'un des nœuds de la Lune.

Cette Epoque Astronomique des Indiens estant ainsi déterminée par tant de caractéres qui ne peuvent convenir à aucun autre temps, on trouve par ces régles Indiennes les conjonctions moyennes de la Lune avec le Soleil vers le temps de cette Epoque, avec autant de justesse que par les Tables modernes, entre lesquelles il y en a qui donnent pour ce temps-là la mesme distance moyenne entre le Soleil & la Lune, a un ou deux minutes prés, la réduction estant faite au mesme méridien.

Mais depuis cette Epoque, à mesure qu'on s'en éloigne, les moyennes distances de la Lune au Soleil trouvées par ces régles, surpassent d'une minute en douze ans celles que les Tables modernes donnent, comme nous avons cy-dessus remarqué; d'où l'on peut inférer que si ces régles Indiennes, au temps qu'elles ont esté faites, donnoient les moyennes distances de la Lune au Soleil plus justes qu'elles ne les ont données depuis, elles ont esté faites assez prés du temps de l'Epoque établie par ces mesmes régles. Elles pourroient néanmoins avoir esté établies long-temps aprés sur des observations faites assez prés du temps de l'Epoque; ainsi elles représenteroient avec plus de justesse ces observations, que celles des autres temps éloignez de l'Epoque : comme il arrive ordinairement à toutes les Tables Astronomiques, qui representent avec plus de justesse les observations sur lesquelles elles sont fondées, que les autres faites long-temps avant & aprés.

III. De l'Epoque Civile des Siamois.

J'AY jugé par les régles de la premiére Séction, que l'Epoque Civile qui est en usage aux Indes Orientales, est différente de l'Epoque Astronomique de la méthode Indienne que nous avons expliquée.

J'en ay présentement de nouvelles asseûrances par diverses dates de Lettres Siamoises qui m'ont esté communiquées par Monsieur de la Loubére, & par d'autres dates des Lettres que le Pere Tachard vient de publier dans son second voyage de l'an 1687; par lesquelles il paroist que l'année 1687 fut la 2231e depuis l'Epoque Civile Siamoise, qui se rapporte par conséquent à l'année 544 avant la Naissance de Jesus-Christ; au lieu que par les régles 2 & 3 de la Séction VIII, & par d'autres caractéres de cette méthode Indienne, on voit que l'Epoque Astronomique se rapporte au 7e siécle aprés la Naissance de Jesus-Christ.

Cette Epoque Civile Siamoise est du temps de Pythagore, dont les dogmes estoient conformes à ceux que les Indiens ont encore aujourd'huy, & que ces peuples avoient déja du temps d'Alexandre le Grand, comme Onésicritus envoyé par Aléxandre mesme pour traiter avec les Philosophes des Indes, leur témoigna, au rapport de Strabon au livre 15.

Les Lettres que les Ambassadeurs de Siam écrivirent le 24 Juin 1687, estoient datées selon M. de la Loubére *du huitiéme mois, le premier jour du decours de l'année Pitosapsoc de l'Ere 2231;* & selon le P. Tachard, *du 8e mois, le second plein de la Lune de l'année Ihoh napasoc de l'Ere 2231.* Le plein de la Lune n'arriva que le jour suivant: & le mois lunaire qui couroit alors, estoit le troisiéme aprés l'Equinoxe du Printemps; le premier aprés cét Equinoxe ayant commencé le 12 Avril de la mesme année: donc le premier mois depuis l'Equinoxe fut le sixiéme mois de l'année Civile, qui dût commencer le 15 Novembre 1686.

Il paroist aussi que la mesme année fut Embolismique de 13 mois, & qu'il y eût un mois qu'on ne mit point au nombre des autres: car le 20 Octobre de la mesme année on comptoit *le 15e jour de la Lune 11e de l'an 2231;* & entre la pleine Lune de Juin & celle d'Octobre il y eût 4 mois lunaires. Cependant on n'en compta que 3, puisqu'à la pleine Lune de Juin on comptoit le 8e mois, & à celle d'Octobre on ne comptoit que le 11e; il y eût donc dans cét intervalle de temps un mois intercalaire qu'on ne compta point. On trouve aussi cette intercalation en comparant les Lettres des Ambassadeurs avec trois Lettres du Roy de Siam du 22 Décembre de la mesme année 1687, rapportées par le Pere Tachard aux pages

pages 282, 288, & 407, qui ſont datées *du 3 du decours de la première Lune de l'année 2231 :* Et il paroiſt que ſi la Lune de Juin fut la huitiéme Lune de l'année Civile 2231, celle de Décembre fut la quatorziéme de la meſme année Civile, que l'on compta pour la premiére Lune de l'année ſuivante, quoy-que l'année ſoit encore nommée 2231, au lieu que ſuivant les dates précédentes elle devroit eſtre nommée 2232.

Peut-eſtre ne change-t-on pas le nom de l'année Civile, qu'elle ne ſoit aſſez avancée, & qu'elle n'ait atteint le commencement de l'année Aſtronomique : ou bien juſqu'à ce temps-là ils la nomment en deux maniéres. Car une autre date que M. de la Loubére vient de me communiquer, eſt ainſi marquée, *Le 8 du croiſſant de la premiére Lune de l'année 223^{1} / 2. qui eſt l'onziéme Décembre 1687.* Il ſemble que cette forme de date marque que l'année peut en ce mois eſtre nommée ou 2231, ou 2232 : ce qui a du rapport à la forme dont on ſe ſert préſentement dans les païs Septentrionaux, où l'on marque ſouvent les dates en deux maniéres, ſçavoir ſelon le Calendrier Julien, & ſelon le Grégorien ; & aux dix premiers jours de l'année Grégorienne, on marque une année de plus que dans la Julienne.

En comparant la date du 20 Octobre, qui ſuppoſe que le premier de la Lune fut le 6 de ce mois (lequel jour fut auſſi celuy de la nouvelle Lune) avec l'autre date du 11e Décembre, qui ſuppoſe que le premier de la Lune fut le 4 de ce mois, on trouve 59 jours en deux mois, comme le mouvement de la Lune demande. Selon ces dates le 22 Décembre a deû eſtre le 19 de la Lune, c'eſt-à-dire, le 4e jour du decours, qui dans les Lettres du Roy de Siam eſt marqué le 3 du decours, le plein de la Lune eſtant ſuppoſé au 15 : ce qui marqueroit l'intercalation d'un jour faite au plein de la Lune, à moins que ces Lettres ne ſoient antidatées d'un jour, ou qu'on n'ait manqué d'un jour dans le rapport qu'on en a fait à noſtre Calendrier.

Parmi les dates précédentes, & quelques autres que nous avons examinées, il n'y a que celles du 20 Octobre & du 11 Décembre qui s'accordent bien enſemble & avec le mouvement de la Lune, & dans leſquelles on prend le jour meſme de la conjonction de la Lune avec le Soleil par le premier jour du mois. Les autres dates different entre elles de quelques jours ; car dans celles du 24 Juin on prend pour le premier jour du mois un jour qui précéde la conjonction ; au contraire, dans les dates du 22 Décembre l'on prend pour le premier jour du mois un jour qui ſuit la conjonction. Ainſi les dates qui prennent pour premier jour du mois le jour meſme de la conjonction, peuvent eſtre cenſées les plus reguliéres. Nous avons calculé ces conjonctions, non ſeulement par les Tables modernes, mais aussi par les régles Indiennes, de la maniére que nous dirons cy-aprés, & nous avons trouvé qu'elles s'accordent ensemble dans les mesmes jours de l'année.

Ces régles Indiennes peuvent donc servir à régler le Calendrier des Siamois, quoy-qu'elles ne soient pas présentement observées éxactement dans les dates des Lettres. Sans un Calendrier où les intercalations des mois & des jours soient réglées selon cette méthode, on ne pourroit se servir de ces régles Indiennes dans le calcul des Planétes sans faire la mesme erreur qui se seroit glissée dans le Calendrier; à moins que cette erreur ne fust connuë par l'histoire éxacte des intercalations, & qu'on y eust égard dans le calcul.

Quoy-que par les régles Indiennes on cherche le nombre des mois échûs depuis une Epoque, par le moyen d'un Cicle de 228 mois Solaires supposez égaux à 325 mois Lunaires, qui est équivalent au Cicle de nostre nombre d'or de dix-neuf années dans le nombre des mois Solaires & des mois Lunaires qu'il comprend; on voit pourtant par la pluspart des dates Siamoises que nous avons pû avoir, que le premier jour de leur mois, mesme en ce siécle, ne s'éloigne guere du jour de la conjonction de la Lune avec le Soleil; & que le Calendrier des Indiens n'est pas tombé dans la faute dans laquelle estoit tombé nostre vieux Calendrier, où les nouvelles Lunes estoient réglées par Cicle du nombre d'or qui les donne plus tardives qu'elles ne sont: de sorte que depuis qu'on eût introduit ce Cicle dans le Calendrier (ce qui fut vers le quatriéme siécle) jusqu'au siécle passé, l'erreur estoit montée à plus de quatre jours. Mais les Indiens auront évité cette faute, en se servant des régles de la Section I. pour trouver le nombre des mois Lunaires; & des régles de la Section II. pour trouver le nombre des jours & des heures qui sont dans ce nombre des mois; lesquelles estant fondées sur l'hypothese de la grandeur du mois lunaire qui ne differe pas de la véritable d'une seconde entiére, ne sçauroient manquer d'un jour qu'environ en 8000 ans; au lieu que l'ancien Cicle de nostre nombre d'or suppose qu'en 235 mois Lunaires il y ait le nombre de jours & d'heures qui sont en 19 années Juliennes, lesquelles excédent 235 mois Lunaires d'une heure 27′, 33″; qui font 5 jours en 1563 années.

Il paroist aussi que le Calendrier des Indiens est fort différent de celuy des Chinois, qui commencent leur année par la nouvelle Lune la plus proche du 15e d'Aquarius, selon le P. Martini, ou du 5e du mesme Signe, selon le P. Couplet (ce qui n'arrive qu'un mois & demi avant l'Equinoxe du Printemps) & qui réglent leurs intercalations par un Cicle de soixante années: ce que font aussi les Tunquinois, au rapport du P. Marini dans ses Relations.

IV. Méthode de comparer les dates Siamoiſes aux régles Indiennes.

POUR examiner ſi les dates Siamoiſes s'accordent avec les régles Indiennes, nous avons cherché par ces régles le nombre des mois compris dans les années écheûës depuis l'Epoque Aſtronomique & l'année courante, & nous y avons ajouſté les mois de l'année courante, que nous avons commencé à compter par le ſixiéme mois de l'année Civile, pour la premiére date qui fut du huitiéme mois avant l'intercalation d'un mois; & pour la ſeconde date qui fut de l'onziéme mois, & aprés l'intercalation d'un mois, nous avons commencé à compter les mois de l'année courante par le cinquiéme des onze mois que l'on comptoit alors, qui eſt le meſme mois que l'on avoit compté pour le ſixiéme avant l'intercalation d'un mois, ſelon l'explication que nous avons donnée à l'article 4e de la I. Section.

Nous avons fait la meſme choſe pour les dates ſuivantes: ayant vérifié qu'il faut commencer à compter par le cinquiéme mois, pendant le reſte de l'année Aſtronomique & pendant celle qui ſuit immédiatement l'intercalation. Et ayant enſuite calculé le nombre des jours compris dans ces ſommes de mois ſuivant les régles de la Section II, nous avons trouvé que le nombre des jours trouvé par ces régles s'accorde avec le nombre des jours compris entre l'Epoque Aſtronomique de l'année 638, & les jours des conjonctions d'où l'on a pris le commencement des mois dans pluſieurs de ces dates, & particuliérement dans celles du 20 Octobre, & du 8 Décembre qui nous ont paru les plus réguliéres.

Cette méthode, dont nous nous ſommes ſervis pour comparer les dates Siamoiſes aux régles Indiennes, nous a fait connoiſtre les termes dans noſtre Calendrier entre leſquels doit arriver la nouvelle Lune du cinquiéme mois de l'année Civile aprés l'emboliſmique, ou du ſixiéme mois de l'année aprés une commune, par où on doit commencer à compter les mois ſelon l'article 4 de la I. Section, & qui peut eſtre conſiderée comme la premiere nouvelle Lune d'une eſpece d'année Aſtronomique luniſolaire que nous avons jugé devoir commencer aprés l'Equinoxe du Printemps. C'eſt pourquoy il eſt à propos de donner tout au long un exemple de cette comparaiſon, qui fera connoiſtre l'uſage de ces régles & ſervira comme de démonſtration de l'Explication que nous en avons faite.

EXEMPLE POUR LA PREMIERE DATE.

NOus avons cherché quel doit estre selon les regles Indiennes, le nombre des jours compris entre l'Epoque Astronomique, & la conjonction moyenne du huitiéme mois de l'année Indienne 2231, en cette forme.

Par les Regles de la Section I.

Depuis l'Epoque Astronomique de l'année Julienne de Jesus-Christ 638 jusqu'à l'année 1687, il y a 1049 années, qui est l'Ere selon l'article 1 : l'ayant multipliée par 12, *selon l'article 3*, on a 12588 mois Solaires.

Il faut y ajouster les mois de l'année courante, *article 4;* & parce que les Ambassadeurs comptoient le huitiéme mois de l'année 2231 avant l'intercalation d'un mois, nous commençons à compter par le sixiéme de ces mois selon nostre explication; ainsi au huitiéme mois nous aurons trois mois à ajouster à 12588, qui feront la somme de 12591 mois

Les multipliant par 7, *article 5*, le produit sera 88137.

Le divisant par 228, *article 6*, le quotient sera 386 à ajouster à 12591, *article 7;* & la somme fera 12977 mois Lunaires.

Par les régles de la Section II.

Multipliant ce nombre de mois par 30, *article 2*, le produit donnera 389310 jours artificiels.

Les multiplians par 11, *article 4*, le produit sera de 4282410.

Divisant ce produit par 703, *article 6*, le quotient sera $6091 \frac{417}{703}$.

L'ayant soustrait de 383310 jours artificiels, *article 8*, il reste $383218 \frac{286}{703}$, qui est le nombre des jours naturels écheûs depuis l'Epoque Astronomique jusqu'à la nouvelle Lune du huitiéme mois de l'année Indienne 2231.

La fraction $\frac{286}{703}$ estant réduite donne 9 heures 4′ 34″ dont cette conjonction arriva plus tard à Siam, suivant ces régles, que celle de l'Epoque Astronomique de l'an 638.

Par le moyen de nostre Calendrier on trouve le nombre des jours écheûs entre le vingt-uniéme mois de l'année Julienne 638, & le 10 Juin de l'année Grégorienne 1687 par ce calcul.

Depuis l'année 638, qui fut la seconde aprés la bissextile 636, jusqu'à l'année 1687, qui fut la troisiéme aprés la bissextile 1684, il y a 1049 années, parmi lesquelles il y eût 262 bissextiles qui donnent 262 jours plus qu'autant d'années communes. En 1049 années communes de 365 jours, il y a 282925 jours; & y ayant ajousté 262 jours pour les bissextiles, on aura 483187 jours en en 1049 années tant communes que bissextiles entre le 21e Mars de l'année Julienne 638, & le 21e Mars de l'année Julienne 1687, qui est le 31e Mars de l'année Grégorienne.

Depuis le 31e Mars jusqu'au 10 Juin il y a 71 jours, qui estant ajoustez à 383147, donnent 383218 jours entre le 21e Mars de l'année Julienne 638, où est l'Epoque Indienne des nouvelles Lunes, & le 10e Juin de l'année Grégorienne 1687, jour de la nouvelle Lune du huitiéme mois de l'année Siamoise 2231. Ce nombre de jours est le mesme que nous avons trouvé entre ces deux nouvelles Lunes, suivant les régles Indiennes.

Pour trouver le mesme nombre de jours par l'une & par l'autre méthode dans la conjonction d'Octobre de la mesme année 1687, aprés l'intercalation qui paroist en comparant la date de ce mois avec celle du mois de Juin précédent; il a fallu compter 7 mois, commençant par le cinquiéme des onze que l'on comptoit. Dans la conjonction de Novembre on en a compté 8; & dans celle de Décembre d'où commença le premier mois de l'année 2232, on en a compté 9, ajoustant 8 mois à ceux de l'année courante jusqu'à la nouvelle Lune du 31 Mars 1688, d'où commença le cinquiéme mois de l'année 2232. On commença à compter de ce 5e mois pendant toute l'année qui suivit l'intercalation & qui fut commune; & on ne commença à compter du sixiéme mois, qu'à la nouvelle Lune qui arriva le 19 Avril de cette année 1689. On commencera aussi à compter du sixiéme mois, à la nouvelle Lune qui arrivera le 9 Avril, jusqu'à l'intercalation qui se fera dans la mesme année, aprés laquelle on suivra le mesme ordre qu'aprés l'intercalation précédente. Nous avons jugé à propos de rapporter distinctement ces exemples, afin de déterminer plus précisément l'article 4 de la I Section, auquel on pourroit se méprendre si l'on ne l'avoit éclairci; & l'on n'auroit pû le déterminer sans plusieurs calculs faits selon la méthode précédente.

V. Les termes des premiers mois des années Indiennes.

AYANT calculé par la mesme méthode, suivant les régles Indiennes, les moyennes conjonctions de la Lune au Soleil pour plusieurs années de ce siécle & du siécle suivant; nous avons toûjours trouvé, que chacune de ces conjonctions tombe à un jour auquel la moyenne conjonction arrive selon nos Tables, mais presque trois heures plus tard que par les régles Indiennes.

Par ce moyen nous avons déterminé dans nostre Calendrier les termes entre lesquels doit arriver la nouvelle Lune, d'où il faut commencer à compter les mois de l'année courante, suivant l'article 4 de la I Section; & nous avons trouvé qu'en ce siécle cette nouvelle Lune eſt celle qui arrive entre le 28 Mars & le 27 Avril de l'année Grégorienne, qui ſont préſentement le 18 Mars & le 17 Avril de l'année Julienne.

Nous avons auſſi trouvé que ces termes dans le Calendrier Grégorien s'avancent d'un jour en 239 années, & reculent d'un jour dans le Calendrier Julien en 302 années : ce qu'il falloit ſçavoir pour pouvoir ſe ſervir parmi nous de ces régles Indiennes.

Pour déterminer dans ces Calendriers les termes entre leſquels doit arriver la nouvelle Lune d'où doit commencer l'année Civile des Siamois ſelon ces régles, il nous a fallu établir un ſyſtême d'années communes & emboliſmiques bien ordonnées dans le cycle de 19 années, lequel ſyſtême ſoit tel, que le cinquiéme mois de la premiére année aprés l'emboliſmique, & le ſixiéme mois des autres années, commencent en ce ſiécle entre le 28 Mars & le 27 Avril de l'année Grégorienne.

Selon cette régle l'année Civile devroit commencer en ce ſiécle avant le 12 Décembre. Car ſi elle commence le 12, l'année ſuivante qui commenceroit le 1 Décembre ſeroit aprés l'année commune, & ſelon la régle on ne commenceroit point à compter par le cinquiéme mois qui arriveroit le 29 Mars, mais par le ſixiéme mois qui commenceroit le 28 Avril: ce qui eſt contraire à ce que nous avons trouvé par le calcul, qu'en ce ſiécle il faut commencer à compter par le mois qui commence entre le 28 Mars & le 27 Avril. On pourroit donc ſe tromper dans l'uſage de ces régles aux années qui commenceroient aprés le 11 Décembre de l'année Grégorienne.

Nous trouvons auſſi par nos calculs que ſelon ces meſmes régles l'année Siamoiſe devroit commencer au 12 Décembre en l'année Grégorienne 1700, qui ne ſera point biſſextile. Ce ſera donc le terme le plus avancé, qui doit eſtre éloigné du terme précédent d'un mois entier. Ainſi la nouvelle Lune qui arrivera le ſiécle ſuivant entre le 12 Novembre & le 12 Décembre, ſera celle d'où devroit commencer ſelon ces régles l'année Civile des Siamois.

Cependant nous avons vû depuis peu une date du premier Janvier 1684, où l'on ſuppoſe que le commencement de l'année Siamoiſe fut à la nouvelle Lune qui arriva le 18 Décembre 1683. Cette datte eſtant comparée avec celles des Ambaſſadeurs de Siam, où l'on ſuppoſe que le commencement de l'année 2231 fut à la nouvelle Lune qui arriva le 16 Novembre 1686, montreroit que les termes du premier mois de l'année Siamoiſe, ſelon l'uſage de ces temps, ſont éloignez entr'eux tout au moins de 32 jours, quoy que ſelon les régles ils ne deuſſent pas eſtre éloignez de plus d'un mois lunaire, ou de 30 jours.

Cela confirme ce que nous avons déja remarqué, qu'en ce siécle on ne se conforme pas exactement à ces régles dans les dates, quoy-qu'on ne s'en éloigne pas beaucoup. Mais comme ces régles sont obscures, & qu'il faut suppléer des circonstances qui n'y sont pas exprimées distinctement, il peut facilement arriver que le peuple s'y méprenne.

Ainsi, aprés avoir déterminé ce qui se devroit faire selon ces régles, il faut apprendre des Rélations des Voyageurs ce qui se pratique actuellement. Cependant nous sçavons par les dates que nous avons vûës, que l'usage présent ne s'éloigne pas beaucoup de ces régles.

VI. Diverses espéces d'années Solaires selon les régles Indiennes.

CHACUN de ces termes dont nous avons parlé, peut estre consideré comme le commencement d'une espéce d'année solaire dont la grandeur est moyenne entre celle de l'année Julienne & celle de la Grégorienne, puis que nous avons remarqué que dans la suite des siécles ces termes s'avancent dans l'année Grégorienne, & reculent dans la Julienne : le terme qui tombe présentement au 28 de Mars, est si proche de l'Equinoxe du Printemps, qu'il pourroit estre appellé Terme Equinoxial, & pourroit estre censé le commencement d'une année solaire Astronomique.

On ne sçauroit accorder ensemble les régles de diverses Sections qui parlent du nombre des années écheûës depuis l'Epoque sous le nom d'*Ere*, sans supposer diverses espéces d'années Indiennes.

Il est parlé de l'*Ere* dans la I Section, où nous avons dit que l'*Ere* est le nombre des années écheûës depuis l'Epoque Astronomique. On la résout en mois solaires & en mois lunaires dans la mesme Section ; & dans la Section II on résout les mois lunaires en jours artificiels de 30 par chaque mois lunaire, & en jours naturels tels qui sont dans l'usage commun.

Il est aussi parlé de l'*Ere* dans la Section IV, où l'on voit qu'elle est composée d'un nombre de ces mesmes jours qu'on a trouvé à la Section II ; de sorte qu'il sembleroit d'abord, que ce fust la synthese de la mesme *Ere*, dont on a fait l'analyse à la Section I & II.

Mais ayant calculé par les régles de la Section I & II, & par le Supplément, dont nous parlerons, le nombre des jours qui doivent estre en 800 années, lequel nombre dans la Section IV est supposé estre 292207, nous n'y avons trouvé que le nombre de 292197 jours, 8 heures & 27 minutes ; qui est moindre de 9 jours, 15 heures, 33 minutes, que celuy de 292207 jours que l'on suppose dans la IV Section se devoir trouver en ce mesme nombre d'années. Cette différence est plus grande que celle qui se trouve entre 800 années Juliennes, qui sont de 292200 jours; & 800 années Grégoriennes, qui ne sont que de 292194 jours; dont la différence est de 6 jours: & en 800 de ces années qui résultent des régles des deux premiéres Séctions, il y a un excés sur les Grégoriennes de 13 jours, 8 heures, 24 minutes; & un defaut à l'égard des Juliennes de 2 jours, 15 heures, 33 minutes; au lieu que 800 années de la Séction IV, excédent de 7 jours 800 années Juliennes, & de 13 jours un pareil nombre d'années Grégoriennes.

Comme l'année Grégorienne est une année Tropique, qui consiste dans le temps que le Soleil employe à retourner au mesme degré du Zodiaque, lequel degré est toûjours également éloigné des points des Equinoxes & des Solstices; il n'y a point de doute que l'année tirée des régles de la Séction I & II, approche plus de la Tropique que l'année tirée des régles de la Séction IV, qui, comme nous avons remarqué, approche de l'année Astrale déterminée par le retour du Soleil à une mesme étoile fixe, & de l'anomalistique déterminée par le retour du Soleil à son Apogée, laquelle plusieurs Astronomes anciens & modernes ne distinguent point de l'Astrale, non plus que les Indiens, supposant que l'apogée du Soleil est fixe parmi les étoiles fixes; quoy-que la pluspart des modernes luy attribuent un peu de mouvement à leur égard.

Cependant, il paroist que les Indiens se servent de l'année solaire de la Séction IV, comme nous nous servons de la Tropique, lors que selon les régles de la Séction VII, VIII, X, & XI, ils calculent le lieu du Soleil & celuy de son apogée, & le lieu de la Lune, & de son apogée. Car le temps écheû depuis la fin de cette année appellé *Krommethiapponne* leur sert a trouver les signes, degrez, & minutes du moyen mouvement du Soleil. Ils supposent donc que cette année consiste dans le retour du Soleil au commencement des signes du Zodiaque comme nostre année tropique.

Il est vray que présentement les signes du Zodiaque se prennent parmi nous en deux maniéres qui n'estoient pas autrefois distinguées. Quand les Anciens eûrent observé la trace du mouvement du Soleil par le Zodiaque, qu'ils l'eûrent divisée en quatre parties égales par les points des Equinoxes & des Solstices, & qu'ils eûrent sous-divisé chaque quatriéme partie en trois parties égales, qui font en tout les 12 signes, ils observérent les constellations formées d'un grand nombre d'étoiles fixes qui tomboient dans chacun de ces signes, & ils donnerent aux signes le nom des constellations qui s'y trouvérent, ne supposant pas alors que les mesmes étoiles fixes deussent jamais quitter leurs signes.

Mais

Mais dans la ſuite des ſiécles on trouva que les meſmes étoiles fixes n'eſtoient plus dans les meſmes degrez des ſignes, ſoit que les étoiles ſe fuſſent avancées vers l'Orient à l'égard des points des Equinoxes & des Solſtices, ou que ces points meſmes ſe fuſſent éloignez des meſmes étoiles fixes vers l'Occident; & on trouve préſentement qu'une étoile fixe paſſe du commencement d'un ſigne au commencement d'un autre environ en 2200 ans.

C'eſt pourquoy depuis que Ptolemée, au deuxiéme ſiécle de Jeſus-Chriſt, confirma cette découverte encore douteuſe, qui avoit eſté faite trois ſiécles auparavant par Hipparque; on fait diſtinction entre le Zodiaque qu'on peut appeller local, qui commence du point équinoxial du Printemps & eſt diviſé en 12 ſignes, & le Zodiaque aſtral compoſé de 12 conſtellations qui retiennent encore le meſme nom, quoy-que préſentement la conſtellation d'Aries ait paſſé dans le ſigne du Taureau, & que la meſme choſe ſoit arrivée aux autres conſtellations qui ont paſſé dans les ſignes ſuivans.

Les Aſtronomes néantmoins rapportent ordinairement les lieux & les mouvemens des planétes au Zodiaque local; parce qu'il eſt important de ſçavoir comment elles ſe rapportent aux Equinoxes & aux Solſtices, d'où dépend leur diſtance de l'Equinoxial & des Poles, la diverſe grandeur des jours & des nuits, la diverſité des Saiſons, & quelques autres circonſtances dont la connoiſſance eſt d'un grand uſage.

Copernic eſt preſque le ſeul parmi nos Aſtronomes qui rapporte les lieux & les mouvemens des aſtres au Zodiaque aſtral; parce qu'il ſuppoſe que les étoiles fixes ſont immobiles, & que l'anticipation des Equinoxes & des Solſtices n'eſt qu'une apparence cauſée par un certain mouvement de l'axe de la terre. Mais ceux meſmes qui ſuivent ſon hypothéſe, ne laiſſent pas de marquer les lieux des planétes à l'égard des points des Equinoxes dans le Zodiaque local, à cauſe des conſéquences de cette ſituation que nous avons remarquées.

Ce ſeroit une choſe admirable que les Indiens qui ſuivent les dogmes des Pithagoriciens, ſe conformaſſent en cela à la méthode de Copernic, qui eſt le reſtaurateur de l'hypothéſe des Pithagoriciens.

Néanmoins il n'y a pas d'apparence qu'ils ayent eû deſſein de rapporter les lieux des planétes plûtoſt à quelque étoile fixe, qu'au point équinoxial du Printemps. Car il ſemble qu'ils auroient choiſi pour cela quelque étoile fixe principale comme a fait Copernic, qui a choiſi pour principe de ſon Zodiaque le point auquel ſe rapporte la longitude de la premiére étoile d'Aries, qui ſe trouvoit au premier degré d'Aries où eſtoit le point équinoxial du Printemps lors que les Astronomes commencerent à placer les étoiles fixes à l'égard des points des Equinoxes & des Solstices.

Mais à l'endroit du ciel où les Indiens posent le commencement des signes du Zodiaque selon la Section IV. & les Sections suivantes, il n'y a aucune étoile considérable : il y a seulement aux environs quelques-unes des plus petites & des plus obscures étoiles de la constellation des Poissons, mais c'est l'endroit où estoit le point équinoxial au temps de leur Epoque Astronomique, d'où les étoiles fixes se sont ensuite avancées vers l'Orient; de sorte que le soleil par son mouvement annuel ne retourne à la mesme étoile fixe qu'environ 20 minutes aprés son retour au mesme point du Zodiaque local. Il estoit difficile que cette petite différence eust esté apperceuë en peu d'années par les Anciens, qui ne comparoient pas immédiatement le Soleil aux étoiles fixes, comme on le compare présentement, & qui comparoient seulement le Soleil à la Lune pendant le jour, & la Lune aux étoiles fixes pendant la nuit, quoyque du jour à la nuit la Lune change de place parmi les étoiles fixes, tant par son mouvement propre qui est viste & inégal, que par sa parallaxe qui n'estoit pas bien connuë aux Anciens. C'est pourquoy ils ne s'apperceûrent que fort tard de la différence qu'il y a entre l'année Tropique, pendant laquelle le Soleil retourne aux points des Equinoxes & des Solstices, & l'année Astrale pendant laquelle il retourne aux mesmes étoiles fixes; & pour lors ils avoient une année solaire de 365 jours & un quart, que l'on trouve présentement estre moyenne entre la Tropique & l'Astrale, & qu'elle surpasse la tropique de 11 minutes, & est plus courte que l'astrale de 9 minutes.

VII. Determination de la grandeur des deux especes d'années Indiennes.

IL est aisé de trouver la grandeur de l'année que l'on suppose dans la Section IV, en divisant 292207 jours par 800 années, dont chacune se trouve de 365 jours 6 heures 12', 36".

Il est un peu plus difficile de trouver celle qui résulte des Sections I & II dans lesquelles il faut mesme suppléer quelques régles qui y manquent pour en pouvoir faire cét usage. Car dans la Section I on suppose que les années sont composées de mois lunaires entiers, & que le nombre des mois qui restent, est connu d'ailleurs : Et à la Section II on suppose que les mois entiers ont esté trouvez par la Section I, & que le nombre des jours qui restent, est connu d'ailleurs. Cependant un nombre d'années solaires, qui n'est que tres - rarement composé de mois lunaires entiers, doit avoir non seulement le nombre des mois, mais aussi le nombre des jours déterminé. En effet, nous trouvons que ces régles ſuppoſent tacitement une année ſolaire compoſée de mois, jours, heures & minutes, qui régle les années luniſolaires.

La maniére de la trouver par ces régles eſt de réſoudre une année en mois ſolaires & en mois lunaires, par les régles 3, 5, 6, & 7 de la I Section, & de ne point négliger la fraction qui reſte aprés la diviſion faite par l'article 6 de la meſme Section; mais de la réduire en jours, heures, minutes & ſecondes, ou en parties décimales de mois, allant juſqu'aux mille millionniémes, pour la préparer aux opérations que l'on doit faire ſelon les régles 1, 2, 3, 4, 6, & 8 de la II Section, tant ſur cette fraction que ſur les mois entiers; & enfin, de réduire de la meſme maniére la fraction appellée *Anamaan* dans la Section II.

On peut encore trouver d'une maniére plus ſimple la grandeur de cette année, en ſe ſervant des hypotheſes que nous avons développées dans ces deux Sections, pour trouver une période d'années qui ſoit compoſée d'un nombre de mois lunaires entiers, & auſſi d'un nombre de jours entiers.

En ſuppoſant ſelon noſtre explication des hypothéſes de la Section II, qu'un mois lunaire eſt égal à 30 jours artificiels, & que 703 jours artificiels ſont égaux à 692 jours naturels, on trouvera qu'en 703 mois lunaires il y a 20760 jours naturels; & y ajoûtant l'hypothéſe de la Section I, ſelon laquelle le nombre de 228 mois ſolaires (qui ſont 19 années) ſont égaux à 235 mois lunaires, on trouvera qu'en 13357 années ſolaires il y a 165205 mois lunaires entiers, qui ſont 4878600 jours naturels: d'où il réſulte qu'un mois lunaire, ſelon ces hypothéſes, eſt de 29 jours, 12 heures, $44'$, $2''$, $23'''$, $23''''$, & l'année ſolaire de 365 jours, 5 heures $55'$, $13''$, $46'''$, $5''''$.

Cette année Indienne cachée dans les hypothéſes tacites de ces deux Sections, s'accorde à deux ſecondes prés avec l'année Tropique d'Hipparque & de Ptolemée, qui eſt de 365 jours, 5 heures, $55'$, $12''$; & à 13 ſecondes prés avec celle de Rabbi Adda Auteur du 3e ſiécle, laquelle eſt de 365 jours, 5 heures, $55'$, $26''$. Si l'on pouvoit vérifier que ces années & ces mois euſſent eſté determinez par les Indiens ſur les obſervations du Soleil, indépendamment de l'Aſtronomie Occidentale; cét accord de pluſieurs Aſtronomes de diverſes Nations ſi éloignées les unes des autres ſerviroit pour prouver que l'année Tropique a eſté autrefois de cette grandeur, quoy-que préſentement on la trouve plus petite de 6 minutes, qui font en 10 ans une heure, & en 240 ans un jour entier. Mais il y a apparence que cette grandeur de l'année n'a eſté déterminée que par les obſervations des éclipſes & des autres lunaiſons, & par l'hypothéſe que 19 années ſolaires ſont égales à 235 mois lunaires; laquelle hypothéſe approche ſi prés de la vérité, qu'il eſtoit difficile d'en obſerver la différence que dans la ſuite des ſiécles; ce qui empeſcha Hipparque & Ptolemée de s'en éloigner dans la détermination de la grandeur de l'année ſolaire.

VIII. Antiquité de ces deux eſpeces d'années Indiennes.

NOUS n'avons point de connoiſſance plus préciſe des années Indiennes, que celle que nous venons de tirer de ces régles. Scaliger qui a ramaſſé avec beaucoup de ſoin tous les Mémoires qu'il a pû avoir des Auteurs anciens, du Patriarche d'Antioche, des Miſſionaires, & de différens Voyageurs, & qui les a inſérez non ſeulement dans ſon ouvrage de la Correction des temps, mais auſſi dans ſes Commentaires ſur Manilius, & dans ſes Iſagoges Chronologiques, jugeant que ces mémoires doivent contenter tous ceux qui ont quelque gouſt des belles lettres, n'eſtablit rien là-deſſus qui ſatisfaſſe le P. Petau; & il eſt conſtant que l'année Indienne de Scaliger ne ſe rapporte n'y à l'une n'y à l'autre de celles que nous venons de trouver.

Mais dans le Traité du Calendrier du Cardinal de Cuſe, il y a des veſtiges de ces deux eſpeces d'années Indiennes. Celle que nous avons tirée de la Section IV s'y trouve preſque en termes formels; celle que nous avons tirée de la comparaiſon de la I & de la II Section s'y trouve auſſi, mais d'une maniére ſi obſcure, que l'Auteur meſme qui la rapporte ne l'a pas compriſe.

Ce Cardinal dit, que ſelon Abraham Aven-Ezre, Aſtronome du 12e ſiécle, les Indiens ajouſtent (à l'année de 365 jours) la quatriéme partie d'un jour & la cinquiéme partie d'une heure, lors qu'ils parlent de l'année pendant laquelle le Soleil retourne à une meſme étoile. Cette année eſt donc de 365 jours, 6 heures, & 12'; & elle s'accorde à 36 ſecondes prés, avec l'année que nous venons de trouver par l'hypotheſe de la Section IV. Cét Auteur ajouſte que ceux qui parlent de l'année ſelon laquelle les Indiens réglent leurs Feſtes, diſent que de la quatriéme partie il réſulte un jour de plus en 320 années, *Ex quarta plus 320 annis diem exurgere:* ce qu'il explique d'une maniére qui ne ſçauroit ſubſiſter. *Cette année*, dit-il, *eſt plus grande que noſtre année commune, d'un quart, de 23 ſecondes & de 30 tierces, qui en 353 années font un jour.* On ne voit pas le moyen de tirer un ſens raiſonnable de cette explication. Car un jour partagé en 353 années donne à chaque année 4 minutes 4'', 45'''; & non pas 23'', 30'''. Le véritable ſens de ces paroles, *Ex quarta plus 320 annis diem exurgere*, eſt, ce me ſemble, que 320 années de 365 jours & un quart ſurpaſſent d'un jour entier 320 de ces

ces années Indiennes. Un jour partagé en 320 années donne à chacune 4 minutes, 30 secondes, lesquelles estant ostées de 365 & un quart, laissent 365 jours, 5 heures, 55 minutes & 30 secondes, qui sera la grandeur de l'année qui régle les Festes Indiennes. Cette année n'excéde que de 16 secondes la grandeur de l'année que nous avons trouvée par la comparaison des hypotheses de la I & de la II Section des régles Indiennes : c'est pourquoy il n'y a pas lieu de douter qu'elle ne soit celle dont il s'agit.

IX. Epoque des années solaires Synodiques des Indiens.

CETTE espece d'années solaires tirées des regles des deux premiéres Sections, peut estre appellée synodique, parce qu'elle résulte de l'égalité que l'on suppose estre entre 19 de ces années solaires & 235 mois lunaires qui se terminent à la conjonction de la Lune avec le Soleil. On peut prendre pour Epoque de ces années le jour & l'heure de la moyenne conjonction de la Lune avec le Soleil, qui arriva le jour mesme de l'Epoque Astronomique, à un jour prés de l'Equinoxe moyen du Printemps ; quoy-que l'on puisse inférer des articles 5, 6, & 8 de la Section II, que l'on prit pour Epoque de ces années le minuit qui suivit immédiatement cette conjonction moyenne, au méridien auquel les régles de cette Section furent accommodées. Ainsi dans les calculs particuliers, on n'aura plus besoin de l'opération prescrite à l'article 5 de la Section II, qui est fondée sur la difference qui fut entre l'instant de cette conjonction moyenne & le minuit suivant, à un méridien particulier plus Occidental que Siam ; ni des opérations prescrites à l'article 8 de la Section VII, & à l'article 9 de la Section X, que nous avons jugé marquer les minutes du mouvement du Soleil & de la Lune entre le méridien de Siam & le méridien auquel avoient esté accommodées les régles de la Section II ; & il suffira d'avoir eû égard à ces trois articles une fois pour toûjours.

L'Epoque de ces années Synodiques sera donc le 21. Mars de l'année 638 de Jesus-Christ, à 3 heures, 2 minutes du matin au méridien de Siam.

La grandeur de ces années, selon le Chapitre VII de ces Réfléxions, estant de 365 jours, 5 heures, 55', 13'', 46''', 5'''', on trouvera le commencement des années suivantes dans les années Juliennes, par l'addition continuelle de 5 heures 55', 13''', 46''', 5'''', ostant un jour de la somme des jours qui résulte de cette addition dans les années bissextiles ; ainsi nous trouverons les commencemens de ces années solaires synodiques dont nous avons examiné les dates, comme nous les avons icy calculées, au méridien de Siam aux heures comptées aprés minuit.

	Dans les Années Juliennes.			Dans les Années Gregoriennes.			Années Astronomiques completes.
	Jours.	H.	M.	Jours.	H.	M.	
1683	Mars 17	21	57	Mars 27	21	57	1045
Biss. 1684	Mars 17	3	52	Mars 27	3	52	1046
1685	Mars 17	9	47	Mars 27	9	47	1047
1686	Mars 17	15	42	Mars 27	15	42	1048
1687	Mars 17	21	38	Mars 27	21	38	1049
Biss. 1688	Mars 17	3	33	Mars 27	3	33	1050

Ces commencemens d'années arrivent un jour & demi avant les Equinoxes moyens du Printemps, selon Ptolomée ; & cinq jours & demi avant les mesmes Equinoxes, selon les Modernes : c'est pourquoy ils peuvent estre pris pour une espece d'Equinoxes moyens des Indiens. La premiere nouvelle Lune depuis les commencemens de ces années solaires synodiques, doit estre la cinquiéme de l'année Civile quand l'intercalation a précedé ces commencemens, ainsi qu'il est arrivé l'an 1685 & l'an 1688 ; & elle doit estre la sixiéme de l'année Civile aux autres années.

Voicy ces premiéres nouvelles Lunes depuis les Equinoxes de cette espece, calculées pour les années précedentes.

Années Astronomiques complétes.	Années Gregoriennes courantes.		Premiéres conjonctions des Années Astronomiques courantes. Aprés midy.				Années Solaires Astronomiques courantes.
				Jours.	H.	M.	
1045		1683	Avril	25	22	41	1046
1046	Biss.	1684	Avril	14	7	30	1047
1047		1685	Avril	3	16	18	1048
1048		1686	Avril	22	14	50	1049
1049		1687	Avril	11	22	38	1050
1050	Biss.	1688	Mars	31	7	27	1051

X. De la période Indienne de 19 années.

POUR connoistre les premiéres conjonctions des années solaires synodiques Indiennes dans nostre Calendrier, il suffit de calculer les commencemens des années de 19 en 19 années aprés l'Epoque.

Car chaque 19e année solaire synodique depuis l'Epoque finit par la moyenne conjonction de la Lune au Soleil, d'où commence la 20e année. On trouve la grandeur de cette période en résolvant 19 années en mois lunaires par les articles 3, 5, 6, & 7 de la Section I, & en résolvant les mois lunaires en jours par les articles

2, 4, 6, & 8 de la Section II; & enfin en réduisant la fraction des jours appellée *Anamaan* en heures, minutes, secondes & tierces: & par ce moyen on trouvera que la période Indienne de 19 années est de 6939 jours 16 heures, 29 minutes, 21 secondes, 35 tierces.

Quoy-que cette période Indienne de 19 années s'accorde dans le nombre des mois lunaires qu'elle comprend, avec les périodes de Numa, de Méton, & de Calippus, & avec nostre cycle du nombre d'or, comme nous avons remarqué dans l'explication de la Section I; elle en est pourtant différente dans le nombre des heures.

Celle de Méton qui contient 6940 jours, est plus longue que l'Indienne de 7 heures, 30 minutes, 38 secondes, 25 tierces. Celle de Calippus, & celle de nostre nombre d'or qui contiennent 6939 jours & 18 heures sont plus longues que l'Indienne de 1 heure, 30 minutes, 38 secondes, 25 tierces. Celle de Numa devoit estre d'un nombre de jours entiers, selon Tite-Live dont voicy les termes: *Ad cursum Lunæ in duodecim menses describit annum, quem (quia tricenos dies singulis mensibus Luna non explet, desuntque dies solido anno, qui solstitiali circumagitur orbe) intercalares mensibus interponendo, ita dispensavit, ut vigesimo anno ad metam eandem solis unde orsi essent, plenis annorum spatiis dies congruerent.* On lit *vicesimo anno* dans tous les Manuscrits anciens que nous avons vûs, & non *vigesimo quarto,* comme dans quelques Exemplaires imprimez.

La période de 19 années des Indiens est donc plus juste que ces périodes des Anciens, & que nostre cycle d'or; & elle s'accorde à 3 minutes & 5 ou 6 secondes prés avec la période de 235 mois lunaires établie par les Modernes, qui la font de 6939 jours, 16 heures, 32 minutes, 27 secondes.

Voicy le commencement de la période Indienne courante de 19 années, & des autres qui suivent pendant plus d'un siécle dans le Calendrier Gregorien, au méridien de Siam, aux heures aprés minuit.

			Jours.	H.	M.
	1683	Mars	27	21	57
	1702	Mars	28	14	26
	1721	Mars	28	6	56
Biss.	1740	Mars	27	23	25
	1759	Mars	28	15	54
	1778	Mars	28	8	24
	1797	Mars	28	0	53
Biss.	1816	Mars	28	17	22

X I. Des Epactes Indiennes.

L'Epacte des mois eſt la différence du temps qui eſt entre la nouvelle Lune & la fin du mois ſolaire courant ; & l'Epacte annuelle eſt la différence du temps qui eſt entre la fin de l'année lunaire ſimple ou Emboliſmique, & la fin de l'année ſolaire qui court quand l'année lunaire finit.

Suivant l'expoſition de la Section I, 228 mois lunaires plus 7 autres mois lunaires ſont égaux à 228 mois ſolaires. Donc ayant partagé le tout par 228, 1 mois lunaire plus $\frac{7}{228}$ de mois lunaire, eſt égal à un mois ſolaire.

L'Epacte Indienne du premier mois eſt donc $\frac{7}{228}$ d'un mois lunaire.

L'Epacte du ſecond $\frac{14}{228}$ & ainſi de ſuite ; & l'Epacte de 12 mois qui ſont une année lunaire ſimple eſt $\frac{84}{228}$: l'Epacte de 2 années $\frac{168}{228}$: l'Epacte de 3 années ſeroit $\frac{252}{228}$; mais parce que $\frac{228}{228}$ ſont un mois, on ajouſte un mois à la troiſiéme année qui eſt Emboliſmique, & le reſte eſt l'Epacte $\frac{24}{228}$.

Ainſi l'Epacte de ſix années eſt $\frac{48}{228}$,

l'Epacte de 18 années eſt $\frac{144}{228}$,

& y ajouſtant l'Epacte d'une année qui eſt $\frac{84}{228}$,

l'Epacte de 19 années ſeroit $\frac{228}{228}$

qui ſont un mois lunaire.

On ajouſte donc un 13ᵉ mois à la 19ᵉ année pour la faire Emboliſmique : ainſi l'Epacte à la fin de la 19ᵉ année eſt o.

Si l'on ordonne les années luniſolaires de cette maniére, elles finiront toûjours avant l'Equinoxe ſynodique, ou dans l'Equinoxe meſme. Mais on les peut ordonner en ſorte qu'elles finiſſent toûjours aprés l'Equinoxe ſynodique : ce qui arrivera, ſi quand l'Epacte eſt o, on les commence par la nouvelle Lune qui arrive un mois aprés l'Equinoxe ſynodique : & de cette ſorte le premier mois de l'année Aſtronomique commencera au commencement du 5ᵉ mois de l'année Civile aprés l'Emboliſme ; au lieu que dans l'année de la premiére maniére, le premier mois finiroit au commencement du 5ᵉ mois de l'année Civile aprés l'Emboliſme.

Cette Epacte Indienne eſt beaucoup plus préciſe que noſtre Epacte vulgaire qui augmente de 11 jours par année ; de-ſorte qu'on en oſte 30 jours quand elle excede ce nombre, prenant 30 jours pour un mois lunaire, & la 19ᵉ année on en oſte 29 jours, que l'on prend pour un mois lunaire pour réduire l'Epacte à rien à la fin de la 19ᵉ année luniſolaire.

L'Epacte

L'Epacte Indienne d'un mois estant réduite en heures, est de 21 heures, 45', 33", 46'''. L'Epacte d'une année est de 10 jours, 21 heures, 6', 45". L'Epacte de 3 années est de 3 jours, 2 heures, 36', 13". L'Epacte de 11 années, qui est la moindre de toutes dans le cycle de 19 années, est de 1 jour, 13 heures, 18', 7".

On peut considérer l'Epacte Indienne à l'égard des années Juliennes & Grégoriennes; & elle servira à trouver le commencement des années Civiles & Astronomiques des Indiens dans nostre Calendrier, aprés qu'on aura établi une Epoque, & marqué les termes.

D'une année commune ou bissextile, à l'année suivante commune, Julienne ou Grégorienne, l'Epacte Indienne est de 10 jours, 15 heures, 11', 32".

D'une année commune à l'année bissextile suivante, l'Epacte Indienne est de 11 jours, 15 heures, 11', 32".

L'Epacte annuelle doit estre soustraite de la premiére nouvelle Lune d'une année, pour trouver la premiére nouvelle Lune de l'année suivante.

Mais quand aprés la soustraction, la nouvelle Lune précede le terme; on ajouste un mois à l'année pour la faire Embolismique. Ainsi ayant supposé la premiére nouvelle Lune aprés l'Equinoxe synodique de l'an 1683 comme au Chapitre IX, au 25 Avril, 22 heures, & 41 minutes aprés midy, c'est-à-dire, au 26 Avril, à 10 heures 41 min. du matin au méridien de Siam, pour avoir la premiére nouvelle Lune de l'année suivante 1684 qui est bissextile, on ostera de ce temps 11 jours, 15 heures, 11 minutes, 32 secondes; & on aura le 14 Avril à 19 heures, 29 minutes, 28 secondes de l'année 1684: & pour avoir la premiére nouvelle Lune de l'année solaire synodique de l'année 1685, qui est commune, on ostera des jours précédens 10 jours, 15 heures, 11 minutes, 32 secondes; & on aura le 4 Avril à 4 heures, 17 minutes, 56 secondes.

Enfin pour avoir la premiére nouvelle Lune de l'année solaire synodique de l'année suivante 1686, qui est commune, ostant encore le mesme nombre des jours, on aura le 24 Mars à 13 heures, 6 minutes, 24 secondes. Mais parce que ce jour précéde le terme des années synodiques, qui pour ce siécle a esté trouvé le 27 Mars; il faut ajouster un mois lunaire de 29 jours, 12 heures, 44 minutes, 3 secondes: ainsi l'année sera Embolismique de 13 Lunes; & on aura la premiére nouvelle Lune de l'année synodique Indienne le 23 Avril à 1 heure, 50 minutes, 27 secondes du matin à Siam; & continuant de la mesme maniere, on aura toutes les premieres nouvelles Lunes des années suivantes.

Dans ces régles Indiennes le nom d'Embolismique ou *Attikamaat* convient à l'année qui suit immédiatement l'intercalation.

On peut aussi ordonner les années lunisolaires de telle sorte que l'addition du mois intercalaire se fasse quand l'Epacte excede $\frac{114}{228}$, qui font la moitié du mois : afin que le terme soit comme moyen entre les divers commencemens des années dont les unes commencent plus tost, & les autres plus tard ; comme il se pratique dans nos années Ecclésiastiques, qui commencent avant l'Equinoxe du Printemps, quand l'Equinoxe arrive avant le 15 de la Lune ; & qui commencent aprés l'Equinoxe, quand l'Equinoxe arrive aprés le 14 de la Lune. Mais il est plus commode pour les calculs Astronomiques de commencer l'année toûjours avant, ou toûjours aprés l'Equinoxe, comme on le pratique dans l'année Astronomique Indienne, selon nostre explication.

Néanmoins il faut remarquer que le point du Zodiaque, que les Indiens prennent pour le commencement des signes, suivant les régles de la Section IV & des Sections suivantes, & qu'ils considérent en quelque maniére comme le point Equinoxial du printemps, est éloigné en ce siécle de plus de 13 degrez du terme Astronomique des années dont il est parlé dans la Section I ; de sorte que le Soleil y arrive le 14e jour aprés l'Equinoxe synodique. C'est pourquoy une partie des années Astronomiques lunisolaires qui commencent aprés le terme établi par les régles de la Section I, commencera en ce siécle avant cette espece d'Equinoxe ; & l'autre partie commencera aprés : de sorte que cette espece d'Equinoxe est comme au milieu des divers commencemens des années lunisolaires qui commencent au 5e & au 6e mois de l'année Civile.

XII. Correction des mois lunaires, & des années solaires synodiques des Indiens.

IL est tres-aisé d'accommoder les mois lunaires des Indiens & leurs années solaires synodiques aux hypotheses modernes.

Aprés avoir fait les calculs selon les régles Indiennes, il faut diviser le nombre des années écheûës depuis l'Epoque Astronomique, par 6 & par 4. Le premier quotient donnera un nombre de minutes d'heure à ajouster ; & le second quotient donnera un nombre de secondes à soustraire du temps des nouvelles Lunes calculé selon ces régles.

EXEMPLE.

L'AN 1688 de Jesus-Christ, le nombre des années écheûës depuis l'Epoque Astronomique des Indiens est 1050. Ce nombre estant divisé par 6, le quotient, qui est 175, donne 175 minutes, c'est-à-dire 2 heures, 55 minutes à ajouster.

Ce mesme nombre estant divisé par 4, le quotient est 262, qui donne 262 secondes, c'est-à-dire 6 minutes, 22 secondes à soustraire; & l'équation sera 2 heures, 48 minutes, 38 secondes. Ayant adjousté cette équation à la premiére conjonction de l'an solaire synodique 1051, laquelle, suivant ces régles, arrive le 31 Mars de l'année 1688 à 19 heures, 28 minutes, 24 secondes aprés minuit; la conjonction moyenne sera le 31 Mars à 22 heures, 17 minutes, 12 secondes au méridien de Siam. La mesme équation sert aux années synodiques qui résultent du temps de 235 mois lunaires partagé en 19 années.

La premiére division par 6 suffira, si l'on prend une fois & demie autant de secondes à soustraire, qu'on a trouvé de minutes à ajouster.

XIII. Différence entre les années solaires synodiques des Indiens & les années Tropiques.

Si les Indiens prennent pour année Tropique le temps que le Soleil employe à retourner au commencement des signes du Zodiaque, selon la Section IV & les suivantes; la différence entre ces années & les Synodiques est considérable, comme nous l'avons déja remarqué. Selon l'Astronomie Occidentale, le commencement des signes est le point de l'Equinoxe du Printemps, où le demi-cercle ascendant du Zodiaque, terminé aux deux tropiques, est coupé par l'Equinoxial; car on ne s'arreste plus à l'hypothese des Anciens qui mettoient les Equinoxes aux huitiémes parties des signes: & l'année Tropique est le temps que le Soleil employe à retourner au mesme point ou Equinoxial ou Tropique.

Les conjonctions de la Lune avec le Soleil, qui arrivent dans les points des Equinoxes, n'y retournent pas précisément à la fin de la 19e année Tropique: car cette 19e année finit environ deux heures avant la fin du 235e mois lunaire, qui termine la 19e année synodique.

Je dis, environ deux heures: car en cela les Astronomes modernes ne sont d'accord entr'eux qu'à 9 ou 10 minutes prés, parce que le temps des Equinoxes estant tres-difficile à déterminer précisément, ils ne s'accordent dans la grandeur de l'année Tropique qu'à une demy-minute prés; quoy qu'ils soient tous d'accord presque jusqu'aux tierces dans la grandeur du mois lunaire. Ceux qui font la grandeur de l'année Tropique de 365 jours, 5 heures, 49 minutes, 4 secondes, & 36 tierces, auront la période de 19 années solaires synodiques plus longue de 2 heures précises que la période de 19 années Tropiques : Ceux qui font l'année Tropique plus longue, auront une différence plus petite : Et ceux qui font l'année Tropique plus courte, comme la font présentement la plusſpart des Aſtronomes, l'auront plus grande. On peut ſuppoſer icy que cette différence ſoit de 2 heures moins 3 min. puis que le defaut des mois lunaires Indiens en 19 années eſt de 3 minutes ; & que l'année Tropique ſoit de 365 jours, 5 heures, 48 minutes, 55 ſecondes. Ainſi, ſi à chaque 19e année depuis l'époque Aſtronomique des Indiens, on oſte 2 heures du terme Equinoxial calculé par les régles Indiennes ſans la correction ; & ſi l'on en oſte auſſi 14 heures, 46 minutes pour le temps dont on peut ſuppoſer que l'Equinoxe moyen préceda l'époque des nouvelles Lunes, ſelon les hypothéſes modernes ; on aura l'Equinoxe moyen du Printemps de l'année propoſée depuis l'époque, conformément aux hypothéſes modernes.

EXEMPLE.

L'An 1686 le nombre des années depuis l'époque Aſtronomique des Indiens eſt 1048. Ce nombre eſtant diviſé par 19, le quotient eſt 55 $\frac{3}{19}$, qui eſtant doublé donne 110 heures, 19 minutes, c'eſt-à-dire, 4 jours, 14 heures, 19 minutes ; à quoy ayant ajouſté pour l'époque 14 heures, 46 minutes, la ſomme eſt 5 jours, 5 heures, 5 minutes : & cette ſomme eſtant oſtée du terme de la meſme année ſynodique 1048 qui a eſté trouvé cy-deſſus au 27 Mars 1686 à 15 heures, 42 minutes du ſoir ; il reſte le 22 Mars 10 heures, 37 minutes du ſoir au méridien de Siam pour l'Equinoxe moyen du Printemps de l'an 1686.

XIV. Examen de la grande période Luniſolaire des Indiens.

Nous avons trouvé au Chapitre VII de ces Refléxions, que la période de 13357 années eſt compoſée de 165205 mois lunaires entiers, qui font 4878600 jours entiers, ſuivant les régles de la II Section. Cette période, ſelon les hypothéſes de ces régles, ramene les nouvelles Lunes qui terminent les années Indiennes ſynodiques, à la meſme heure & à la meſme minute ſous le meſme méridien.

Mais l'ayant examinée par la méthode du Chapitre XII de ces Refléxions, on trouvera qu'elle eſt plus courte qu'une période d'un pareil nombre de mois lunaires, ſelon les Aſtronomes modernes, d'un jour & 14 heures, qui eſt preſque l'Epacte de 11 années : & par la méthode du Chapitre XIII, on trouvera que l'anticipation des Equinoxes à l'égard de ce nombre d'années ſynodiques des Indiens

diens eſt de 54 jours & 5 heures. Si l'on retranche 11 années de cette période, on en aura une de 13346 années, composée de 165069 mois lunaires, ou de 4874564 jours, qui ſera plus conforme aux hypothéſes modernes.

XV. Grande Période Luniſolaire Equinoxiale, conforme aux corrections précédentes.

MAIS au lieu de corriger la grande Période précédente, il eſt plus à propos d'en trouver une beaucoup plus courte, qui ramene les nouvelles Lunes & les Equinoxes à la meſme heure ſous le meſme méridien, afin d'établir des Epoques Aſtronomiques plus prochaines, & d'abreger les calculs qui ſont d'autant plus longs que les Epoques ſont plus éloignées de noſtre temps.

Il eſt extrémement difficile, ou plûtoſt il eſt impoſſible de trouver des périodes courtes & préciſes, qui ramenent tout enſemble les nouvelles Lunes & les Equinoxes au meſme méridien. Viéte en propoſe une pour le Calendrier Grégorien de 165580000 années, qui comprend 2047939047 mois lunaires.

On ne ſçauroit vérifier la juſteſſe de ces périodes par la comparaiſon des obſervations que nous avons, dont les plus anciennes ne ſont que de 25 ſiécles; & ces longues périodes ne ſervent point à noſtre deſſein, qui eſt de raprocher les Epoques.

Il eſt mieux de ſe ſervir de périodes plus courtes, quoy que moins éxactes, & de marquer combien il s'en faut qu'elles ne ſoient préciſes ſelon les hypothéſes que l'on ſuit.

Par les régles de la Ire Section, & par nos additions, on trouve que 1040 années ſynodiques Indiennes font 12863 mois lunaires & $\frac{157851}{1000000}$; & par les régles de la Section II on trouve que ce nombre de 12863 mois ſans la fraction fait 379851 jours, 21 heures, 24 minutes, 19 ſecondes.

Suivant la correction faite par la méthode du Chapitre XII de ces Réfléxions, à ce nombre de jours il faut ajouſter 2 heures & 49 minutes, pour le rendre conforme aux hypothéſes des Aſtronomes modernes : ainſi dans ce nombre de 12863 mois, il y a 379852 jours entiers, & 13 minutes, 19 ſecondes d'heure.

Le meſme nombre de mois avec la fraction, ſuivant les régles de la Section II & ſuivant nos additions, fait 379856 jours, 13 heures, 16 minutes, 43 ſecondes; qui font 1040 années ſynodiques Indiennes.

La différence dont ces années excédent les années Tropiques, par noſtre méthode du Chapitre XIII des Réfléxions ſe trouve de 4 jours, 13 heures, 28 minutes, 25 ſecondes; & cette différence eſtant oſtée de 379856 jours, 13 h, 16′, 43″, il reſte 379851 jours,

23 heures, 48 minutes, 28 secondes, pour 1040 années Tropiques; & pour faire 379852 jours entiers, il ne s'en faut que 11 minutes & 32 secondes, pendant lesquelles le mouvement propre du Soleil n'est pas sensible.

XVI. Epoque récente des nouvelles Lunes tirée de l'Epoque Indienne.

AYANT ajousté 1040 années à l'Epoque Indienne de l'an 638 de Jesus-Christ, on aura l'an 1678 pour une nouvelle époque, dans laquelle la conjonction de la Lune au Soleil sera arrivée le jour de l'Equinoxe moyen 13 minutes d'heure plus tard à l'égard du mesme méridien, & 25 minutes plus tard à l'égard de l'Equinoxe moyen : de sorte que la conjonction estant arrivée l'an 638 à Siam à 3 heures, 2 minutes du matin; l'an 1678 elle y sera arrivée à 3 heures, 15 minutes du matin.

Durant cét intervalle l'anticipation des Equinoxes dans le Calendrier Julien est de 8 jours, lesquels estant ostez de 21, il reste 13; & ainsi l'Equinoxe moyen, qui en l'an 631 estoit au 21 Mars, se trouve en l'an 1678 au 13 de Mars de l'année Julienne, lequel est le 23 de l'année Grégorienne. La conjonction moyenne sera donc arrivée en l'an 1678 le 23 Mars à 3 heures, 15 minutes du matin au méridien de Siam; c'est-à-dire, le 22 Mars à 8 heures, 41 minutes du soir au méridien de Paris.

XVII. Epoques recentes de l'apogée, & du nœud de la Lune.

PARCE que dans cette Epoque des nouvelles Lunes, l'apogée & le nœud de la Lune estoient trop éloignez de l'Equinoxe, nous avons trouvé une Epoque Equinoxiale de l'apogée, qui précede de 12 années celle des nouvelles Lunes; & une Epoque des nœuds, qui la suit de 12 années.

A l'Equinoxe moyen du Printemps de l'an 1666, l'apogée de la Lune fut au 2e degré d'Aries; & à la fin de la présente année Julienne 1689, le nœud Boreal de la Lune sera au commencement d'Aries : mais à l'Equinoxe moyen du Printemps de 1690, il sera au 26 degré & demi des Poissons, à 3 degrez & demi du Soleil.

L'apogée de la Lune fait une révolution selon la suite des signes en 2232 jours, selon les régles Indiennes; ou en 2231 jours & un tiers, selon les Astronomes modernes. Les nœuds de la Lune dont il n'est pas parlé dans les régles Indiennes, font une révolution contre la suite des signes en 6798 jours $\frac{1}{3}$.

Par ces principes on trouvera autant d'autres Epoques que l'on voudra de l'apogée & des nœuds.

XVIII. *Epoque des nouvelles Lunes prés de l'apogée & des nœuds de la Lune & de l'Equinoxe moyen du Printemps.*

IL ne se trouve point que la nouvelle Lune Equinoxiale soit arrivée plus prés de nostre temps, & tout ensemble plus prés de son apogée & d'un de ses nœuds, que le 17 Mars de l'année 1029 de Jesus-Christ. Ce jour-là à midi, au méridien de Paris, le lieu moyen du Soleil fut au milieu du premier degré d'Aries, à 3 degrez & demi du lieu moyen de la Lune, qui se joignit au Soleil le soir du mesme jour.

L'apogée de la Lune précedoit le Soleil d'un degré & demi ; & le nœud descendant de la Lune le précedoit d'un degré, l'apogée du Soleil estant au 26 degré des Gémeaux.

Il seroit inutile de chercher un autre retour de la Lune à son apogée, à son nœud, au Soleil, & à l'Equinoxe du Printemps. Le concours de toutes ces circonstances ensemble estant trop rare, il faut se contenter d'avoir des Epoques séparées en divers autres temps, dont en voicy trois des plus précises.

La conjonction moyenne de la Lune avec le Soleil dans l'Equinoxe moyen du Printemps, arriva l'an de Jesus-Christ 1192, le 15 Mars sur le midi, au méridien de Rome.

L'apogée de la Lune fut au commencement d'Aries dans l'Equinoxe moyen du Printemps, l'an 1460, le 13 Mars.

Le nœud descendant de la Lune fut au commencement d'Aries dans l'Equinoxe moyen du Printemps, l'an 1513, le 14 Mars.

Il ne sera pas inutile d'avoir des Epoques particulieres des nouvelles Lunes propres pour le Calendrier Julien, auquel la pluspart de Chronologistes rapportent tous les temps passez.

Jules Cesar choisit une époque d'années Juliennes dans laquelle la nouvelle Lune arriva le premier jour de l'année. Ce fut la 45e année avant la Naissance de Jesus-Christ, qui est dans le rang des bissextiles, selon que ce rang fut depuis établi par Auguste, & qu'il est observé encore présentement.

Le premier de Janvier de la mesme année 45e avant Jesus-Christ la conjonction moyenne de la Lune au Soleil arriva sur les six heures du soir au méridien de Rome.

Et le premier de Janvier de l'année 32 de Jesus-Christ la conjonction moyenne arriva précisément à midi au méridien de Rome.

La plus commode des Epoques prochaines des moyennes conjonctions dans les années Juliennes, est celle qui arriva le premier de Janvier de l'an 1500, une heure & demie avant midy au meridien de Paris.

XIX. *Ancienne Epoque Astronomique des Indiens.*

NOUS avons remarqué au Chapitre III de ces Réflexions, que les Siamois dans leurs dates se servent d'une Epoque qui précede l'année de Jesus-Christ de 544 années, & qu'aprés le 12e ou 13e mois des années depuis cette Epoque, qui finissent présentement en Novembre ou en Décembre, le premier mois qui suit & qui devroit estre attribué à l'année suivante, est encore attribué à la mesme année: ce qui nous a donné lieu de conjecturer qu'on attribuë aussi à la mesme année les autres mois jusqu'au commencement de l'année Astronomique qui commence à l'Equinoxe du Printemps. Cette conjecture a esté confirmée par le rapport de M. de la Loubere, qui juge mesmes que cette Epoque ancienne doit estre aussi une Epoque Astronomique.

La maniére extraordinaire de compter le premier & le second mois de la mesme année aprés le 12e ou aprés le 13e, peut faire croire que le premier mois de ces années, qui commence présentement en Novembre ou en Décembre, commençoit anciennement proche de l'Equinoxe du Printemps, & que dans la suite du temps les Indiens, soit par méprise, soit pour s'estre servi d'un cycle trop court, comme seroit celuy de 60 années dont les Chinois se servent, ont quelquefois manqué d'ajoûter un 13e mois à l'année qui auroit dû estre Embolismique; d'où il est arrivé que le premier mois a reculé dans l'hiver; ce qui ayant esté apperceû, les mois de l'hiver appellez présentement premier, second & troisiéme, ont esté attribuez à l'année précedente, qui selon l'institution ancienne ne doit finir qu'au Printemps.

Ainsi l'année Indienne, que l'on appelloit 2231 à la fin de l'année 1687 de Jesus-Christ, ne devoit finir, selon l'institution ancienne, qu'au printemps de l'année 1688. Ayant soustrait 1688 de 2231, il reste 543 qui est le nombre des années complettes depuis l'Epoque ancienne des Indiens jusqu'à l'année de Jesus-Christ. Cette Epoque appartient donc à l'année 544 courante avant Jesus-Christ, selon la maniére plus commune de compter.

En cette année la conjonction moyenne de la Lune arriva entre l'Equinoxe véritable & l'Equinoxe moyen du Printemps à 15 degrez de distance du nœud Boréal de la Lune le 27 Mars selon la forme Julienne un jour de Samedi, qui est une Epoque Astronomique à peu prés semblable à celle de l'an 638, laquelle aura esté choisie comme plus récente & plus précise que la précedente.

Entre ces deux Epoques Indiennes il y a une période de 1181 années, laquelle estant jointe à une periode de 19 années, on a deux periodes de 600 années, qui ramenent les nouvelles Lunes proche des Equinoxes.

XX.

X X. *Rapport des années Synodiques des Indiens à celles du Cycle des Chinois de 60 années.*

SELON la chronologie de la Chine que le Pere Couplet vient de publier, & ſelon le Pere Martini dans ſon Hiſtoire de la Chine, les Chinois ſe ſervent d'années luniſolaires, & ils les diſtribuënt en cycles ſexagenaires, dont le 74e commença en l'année de Jeſus-Chriſt 1683; de ſorte que le premier cycle auroit commencé 2697 ans avant la Naiſſance de Jeſus-Chriſt.

Par les régles Indiennes de la Ire Section, en 60 années ſynodique, il y a 720 mois ſolaires, & 742 mois lunaires, & $\frac{24}{228}$: Il faut rejetter cette fraction, parce que les années luniſolaires ſont composées de mois Lunaires entiers. Cependant cette fraction en 19 cycles ſexagenaires, qui font 1140 années, monte à $\frac{456}{228}$ qui font deux mois : donc ſi les cycles ſexagenaires des Chinois ſont tous uniformes, 1140 années Chinoiſes ſont plus courtes de deux mois que 1140 années ſynodiques des Indiens. C'eſt pourquoy ſi les Indiens ont réglé les intercalations de leurs années civiles par cycles ſexagenaires uniformes, le commencement de l'année civile 2232, a dû préceder d'un peu moins de 4 mois le terme de leurs années ſynodiques qui eſt préſentement au 27e Mars de l'année Grégorienne; ainſi qu'il eſt arrivé en effet: ce qui confirme ce que nous avions conjecturé au Chapitre précedent de l'anticipation des années civiles.

Pour égaler les années du cycle ſexagenaire aux années ſynodiques réglées ſelon le cycle de 19 années, il faudroit que parmi 19 cycles ſexagenaires il y en euſt 17 de 742 mois lunaires, & 2 de 743: ou plûtoſt, il faudroit qu'aprés 9 cycles de 742 mois, qui font 740 années, le 10e cycle ſuivant, qui s'accompliroit à la 600e année, fuſt de 743 mois.

Mais il y a lieu de douter s'ils en uſent ainſi, puis que l'année Chinoiſe a eû pluſieurs fois beſoin d'eſtre réformée pour remettre ſon commencement au meſme terme; dans lequel néanmoins les Relations modernes ne ſont d'accord qu'à 10 degrez prés, le Pere Martini le marquant au 15 degré d'Aquarius, & le Pere Couplet au 5 du meſme Signe; comme ſi le terme euſt reculé de 10 degrez depuis le temps du Pere Martini.

Il eſt indubitable qu'une grande partie des éclipſes & des autres conjonctions que les Chinois donnent comme obſervées, ne peuvent pas eſtre arrivées aux temps qu'ils prétendent, ſelon le Calendrier reglé de la maniére qu'il eſt préſentement, comme nous avons trouvé par le calcul d'un grand nombre de ces éclipſes, & meſme par le ſeul éxamen des intervalles qui ſont marquez entre les uns & les autres : car pluſieurs de ces intervalles ſont trop longs ou trop courts pour pouvoir estre terminez par des éclipses, qui n'arrivent que quand le Soleil est proche d'un des nœuds de la Lune; où il n'auroit pas pû retourner aux temps marquez, si les années Chinoises avoient esté réglées dans les siécles passez comme elles le sont présentement. Le Pere Couplet mesme doute de quelques unes de ces éclipses, à cause du compliment que les Astronomes Chinois firent à un de leurs Rois qu'ils felicitérent sur ce qu'une éclipse qu'ils avoient prédite, n'estoit point arrivée, le Ciel, disoient-ils, luy ayant épargné ce malheur: & ce Pere a laissé à M. Thevenot un éxemplaire manuscrit des mesmes éclipses qu'il a fait imprimer dans sa Chronologie, lequel a pour titre *Eclipses veræ & falsæ*, sans que les unes soient distinguées des autres.

Mais sans accuser les Chinois de fausseté, on peut dire qu'il se peut faire que les éclipses marquées dans la chronologie Chinoise soient arrivées, & que la contradiction qui y paroist vienne du déréglement de leur Calendrier sur lequel on ne peut faire aucun fondement.

XXI. Composition des Periodes Lunisolaires.

L'INTERVALLE entre les deux Epoques des Indiens, qui est de 1181 années, est une periode lunisolaire, qui remet les nouvelles Lunes prés de l'Equinoxe, & au mesme jour de la semaine. Cette période est composée de 61 periodes de 19 années, qui sont plus longues que 1159 années tropiques; & de deux periodes de 11 années, qui sont plus courtes que 22 tropiques; le defaut des unes recompensant en partie l'excés des autres.

Comme le mélange des années lunisolaires, les unes plus longues, les autres plus courtes que les tropiques, récompense plus ou moins le defaut des unes par l'excés des autres, autant que l'incommensurabilité qui peut estre entre les mouvemens du Soleil & de la Lune le permet; il fait les periodes lunisolaires d'autant plus précises, qu'elles ramenent les nouvelles Lunes plus prés des lieux du Zodiaque où elles estoient arrivées du commencement.

Les Anciens ont fait premiérement l'essay des petites periodes, dont la plus célébre a esté celle de 8 années, qui a esté en usage non seulement parmi les anciens Grecs, mais aussi parmi les premiers Chrétiens; comme il paroist par le Cycle de Saint Hippolyte, publié au commencement du troisiéme siécle.

Cette Periode composée de cinq années ordinaires & de trois Embolismiques, s'estant trouvée trop longue d'un jour & demi, qui en 20 periodes font plus d'un mois; on estoit obligé de retrancher un mois à la 20e periode. Mais dans la suite la periode de 8 années fut jointe à une autre d'onze ans composée de sept ordinaires & de quatre Embolismiques, qui est trop courte environ d'un jour & demi; & on en fit la periode de 19 années, que l'on supposa d'abord estre précise, quoy-qu'elle ait depuis eû besoin de correction dans le nombre des jours & des heures qu'elle comprend. La correction de cette periode fut l'origine de la periode de 76 ans composée de 4 periodes de 19 ans corrigées par Calippus, & de la periode de 304 ans composée de 16 periodes de 19 ans corrigées par Hipparque.

Les Juifs eûrent une periode de 84 ans, composée de quatre periodes de 19 ans, & d'une de 8 ans qui remet les nouvelles lunes prés de l'Equinoxe au mesme jour de la semaine.

Mais la periode la plus célébre de celles qui ont esté inventées pour remettre les nouvelles Lunes au mesme lieu du Zodiaque, & au mesme jour de la semaine, est la Victorienne de 532 ans composée de 28 periodes de 19 ans.

Cependant la nouvelle Lune qui devroit terminer cette periode n'arrive que deux jours aprés le retour du Soleil au mesme point du Zodiaque, & deux autres jours avant le mesme jour de la semaine auquel la conjonction estoit arrivée au commencement de la periode; & ces defauts se multiplient dans la succession des temps selon le nombre de ces periodes. Néanmoins, aprés mesme que les defauts de cette periode ont esté connus de tout le monde, plusieurs célébres Chronologistes n'ont pas laissé de s'en servir, & ils la terminent au mesme jour de la semaine & au mesme jour de l'année Julienne, laquelle dans cét intervalle de temps excede l'année solaire tropique de 4 jours entiers, & l'année lunisolaire un peu moins de 2 jours.

Ils multiplient aussi cette periode par le cycle de 15 années qui est celuy des Indictions, dont l'origine n'est pas plus ancienne que de 13 siécles, pour en former la periode Julienne de 7980 années, dont ils établissent l'Epoque 4713 années avant l'Epoque commune de Jesus-Christ. Ils préferent cette periode imaginaire, dans laquelle les erreurs de la Periode Victorienne sont multipliées 15 fois, aux véritables periodes lunisolaires, & ils préferent aussi cette Epoque ideale qu'ils supposent plus ancienne que le monde, aux Epoques Astronomiques & aux Historiques: jusques-là qu'ils y rapportent les faits historiques des temps anciens avant Jesus-Christ & avant Jule César, bien que les Indictions ne fussent point encore en usage, qu'il n'y eust point alors de Calendrier auquel cette periode pust servir pour régler les jours de la semaine, & qu'enfin le cycle de 19 années étendu à ce temps-là, ne montre point l'état du Soleil ni de la Lune; qui sont les trois choses principales pour lesquelles ces trois cycles qui forment la periode Julienne ont esté inventez. C'eſt pourquoy elle ne donne point une idée auſſi juſte des temps anciens qui n'eſtoient point réglez de cette maniére, que de ceux des treize derniers ſiécles qui eſtoient réglez parmi nous ſelon l'année Julienne.

Mais les periodes luniſolaires de 19 années, qui à l'égard des années tropiques ſont un peu trop longues, eſtant jointes à des periodes de 11 années qui ſont trop courtes, forment d'autres periodes plus préciſes que celles qui les compoſent. Parmi ces periodes les premiéres des plus préciſes ſont celles de 334, de 353 & de 372 ans, dont la derniere ſe termine auſſi au meſme jour de la ſemaine, & pourroit eſtre miſe à la place de la Victorienne.

XXII. *Periodes Luniſolaires compoſées de ſiécles entiers.*

LA premiére periode luniſolaire compoſée de ſiécles entiers, eſt celle de 600 années, qui eſt auſſi compoſée de 31 periodes de 19, & d'une de 11 années. Quoy-que les Chronologiſtes ne parlent point de cette periode, elle eſt pourtant une des plus anciennes qui ayent eſté inventées.

Joſephe parlant des Patriarches qui ont veſcu avant le Déluge, dit que *Dieu prolongeoit leur vie, tant à cauſe de leur vertu, que pour leur donner moyen de perfectionner les Sciences de la Géometrie & de l'Aſtronomie qu'ils avoient trouvées ; ce qu'ils n'auroient pû faire s'ils avoient veſcu moins de 600 ans, parce que ce n'eſt qu'aprés la révolution de ſix ſiécles que s'accomplit la grande année.* *Antiq. Jud. l. 1. c. 3.*

Cette grande année qui s'accomplit aprés ſix ſiécles, de laquelle aucun autre Auteur ne parle, ne peut eſtre qu'une periode d'années luniſolaires ſemblable à celle dont les Juifs ſe ſont toûjours ſervis, & à celle dont les Indiens ſe ſervent encore aujourd'huy. C'eſt pourquoy nous avons jugé à propos d'examiner quelle a dû eſtre cette grande année ſelon les régles Indiennes.

On trouve donc par les régles de la I. Section, qu'en 600 années il y a 7200 mois ſolaires, & 7421 mois lunaires & $\frac{12}{228}$. Il faut négliger icy cette petite fraction ; parce que les annnées luniſolaires finiſſent avec les mois lunaires, eſtant compoſées de mois lunaires entiers.

On trouve par les régles de la Section II, que 7421 mois lunaires comprennent 219146 jours, 11 heures, 57 minutes, 52 ſecondes : ſi donc nous compoſons de jours entiers cette periode, elle doit eſtre de 219146 jours.

600 années Grégoriennes ſont alternativement de 219145 jours, & de 219146 jours : elles s'accordent donc à un demi jour prés avec une periode luniſolaire de 600 ans, calculée ſelon les régles Indiennes.

La

La seconde periode lunisolaire composée de siécles est celle de 2300 années, qui estant jointe à une de 600, fait une periode plus précise de 2900 années: Et deux periodes de 2300 années, jointes à une periode de 600 années font une periode lunisolaire de 5200 années, qui est l'intervalle du temps que l'on compte selon la Chronologie d'Eusebe depuis la Création du monde jusqu'à l'Epoque vulgaire des années de Jesus-Christ.

XXIII. *Epoque Astronomique des années de Jesus-Christ.*

CES periodes lunisolaires, & les deux Epoques des Indiens que nous venons d'examiner, nous montrent comme au doigt l'Epoque admirable des annéees de Jesus-Christ, qui est éloignée de la premiére de ces deux Epoques Indiennes, d'une periode de 600 années moins une periode de 19 années; & qui précede la seconde d'une periode de 600 années, & de deux de 19 années. Ainsi l'année de Jesus-Christ (qui est celle de son Incarnation & de sa Naissance, selon la tradition de l'Eglise, & comme le Pere Grandamy le justifie dans sa Chronologie Chrétienne, & le Pere Riccioli dans son Astronomie réformée) est aussi une Epoque Astronomique, dans laquelle, suivant les Tables modernes, la conjonction moyenne de la Lune au Soleil arriva le 24 Mars, selon la forme Julienne rétablie un peu aprés par Auguste, à une heure & demie du matin au meridien de Jerusalem, le jour mesme de l'Equinoxe moyen, un Mercredy, qui est le jour de la création de ces deux Astres.

Le jour suivant, 25 Mars, qui selon l'ancienne tradition de l'Eglise rapportée par Saint Augustin, fut le jour mesme de l'Incarnation de Nostre Seigneur, fut aussi le jour de la premiére phase de la Lune; & par conséquent il fut le premier jour du mois selon l'usage des Hebreux, & le premier jour de l'Année Sacrée qui par l'institution divine devoit commencer par le premier mois du Printemps, & le premier jour d'une grande année dont l'Epoque naturelle est le concours de l'Equinoxe moyen & de la conjonction moyenne de la Lune avec le Soleil. *De Trin. lib. 4. c. 5.*

Ce concours termina donc les periodes lunisolaires des siécles précedants, & fut un Epoque d'où commença un nouvel ordre de siécles, selon l'oracle de la Sybille rapporté par Virgile en ces termes, *Eclog. 4.*

Magnus ab integro sæclorum nascitur ordo:
Jam nova progenies cælo demittitur alto.

Cét Oracle semble répondre à la Prophétie d'Isaïe, *Parvulus natus est nobis*, où ce nouveau né est appellé Dieu & Pere du siécle à venir; *Deus fortis, Pater futuri sæculi.* *C. 9. v. 6. & 7.*

Les Interprétes remarquent dans cette Prophétie comme une chose mysterieuse la situation extraordinaire d'un *Mem* final (qui est le charactere numerique de 600) dans ce mot לםרבה *ad multiplicandum*, où ce *Mem* final est à la seconde place, sans qu'il y en ait d'autre éxemple dans tout le texte de l'Ecriture Sainte, où jamais une lettre finale n'est placée qu'à la fin des mots. Ce charactere numerique de 600 dans cette situation pourroit faire allusion aux periodes de 600 années des Patriarches, lesquelles devoient se terminer à l'accomplissement de la Prophétie qui est l'Epoque d'où nous comptons présentement les années de Jesus-Christ.

XXIV. Epoques des Equinoxes Ecclesiastiques, & du cycle vulgaire du nombre d'Or.

Euseb. de Vita Constantini lib. 3. c. 9.

LES Chrétiens des premiers siécles ayant remarqué que les Juifs de ce temps-là avoient oublié les régles anciennes des années Hébraïques; de sorte qu'ils célébroient la Pasque deux fois en une année, comme témoigne Constantin le Grand dans la lettre aux Eglises, empruntérent la forme des années Juliennes rétablies par Auguste, qui sont distribuées par des periodes de 4 années, dont trois sont communes de 365 jours, & une bissextile de 366 jours, & surpassent les années lunaires de 11 jours. Ils marquerent donc dans le Calendrier Julien le jour de l'Equinoxe & les jours de la Lune avec leur variation, & ils la régléreht les uns par le cycle de 8 années, les autres par le cycle de 19 années; comme il paroist par le réglement du Concile de Césarée de l'an 196 de Jesus-Christ, & par le Canon de Saint Hippolyte, & par celuy de Saint Anatolius. Mais ensuite le Concile de Nicée tenu l'an 325 ayant chargé les Evesques d'Aléxandrie, comme les plus versez dans l'Astronomie, de déterminer le temps de la Feste de Pasque; ces Prélats se servirent de leur Calendrier Alexandrin, où l'année commençoit par le 29 d'Aoust; & ils prirent pour Epoque des cycles lunaires de 19 années, la premiére année Egyptienne de l'Empire de Diocletien; parce que le dernier jour de l'année précedente, qui fut le 28 d'Aoust de l'an 284 de Jesus-Christ, la nouvelle Lune estoit arrivée prés de midy au meridien d'Alexandrie. En comptant de cette Epoque en arriére les cycles de 19 années, on vient au 28 d'Aoust de l'année qui précede l'Epoque de Jesus-Christ; de sorte que la premiére année de Jesus-Christ est la seconde année d'un de ces cycles. C'est ainsi que l'on compte ces cycles encore présentement, depuis que Denis le Petit transporta les cycles de la Lune du Calendrier Alexandrin au Calendrier Romain, & qu'il commença à compter les années depuis l'Epoque de Jesus-Christ au lieu de les compter de l'Epoque de Diocletien, marquant l'Equinoxe du Printemps au 21 Mars, comme il avoit esté marqué dans l'Epoque Egyptienne.

On auroit pû prendre pour Epoque des cycles lunaires la conjonction équinoxiale de l'année mesme de Jesus-Christ plûtost que la conjonction du 28 Aoust de l'année précedente, & la renouveller aprés 616 années, qui ramenent les nouvelles Lunes au mesme jour de l'année Julienne, & au mesme jour de la semaine; qui est ce que l'on demandoit de la Periode Victorienne; mais on ne songea qu'à se conformer au réglement des Alexandrins, qui estoit le seul moyen d'accorder l'Eglise Orientale & l'Occidentale. Ainsi ces réglemens ont esté suivis jusqu'au siécle passé; quoy-qu'on eust apperceû depuis long-temps que les nouvelles Lunes réglées de la sorte, suivant le cycle de 19 années anticipoient presque d'un jour en 312 années Juliennes, & que les Equinoxes anticipoient environ de 3 jours en 400 de ces années.

XXV. La Periode Solaire Grégorienne de 400 années.

VERS la fin du siécle passé l'anticipation des Equinoxes depuis l'Epoque choisie par les Alexandrins estoit montée à 10 jours; & celle des nouvelles Lunes dans les mesmes années du cycle lunaire continué sans interruption estoit montée à 4 jours: c'est pourquoy on parla en divers Conciles de la maniére de corriger ces defauts; & enfin le Pape Grégoire XIII aprés avoir communiqué son dessein aux Princes Chrétiens & aux plus célébres Universitez, & avoir entendu leurs avis, osta dix jours à l'année 1582, & remit l'Equinoxe au jour de l'année où il avoit esté au temps de l'Epoque choisie par les Députez du Concile de Nicée.

Il établit aussi une periode de 400 années plus courte de 3 jours que 400 années Juliennes, faisant Communes les centiémes années à la réserve de chaque 400me, à compter depuis l'année 1600; ou, ce qui revient à la mesme chose, à compter depuis l'Epoque de Jesus-Christ.

Ces periodes de 400 années Grégoriennes remettent le Soleil aux mesmes points du Zodiaque, aux mesmes jours du mois, & de la semaine, & aux mesmes heures sous le mesme meridien, la grandeur de l'année estant supposée de 365 jours, 5 heures, 49′, 12″.

Selon les observations modernes, aux centiémes bissextiles l'Equinoxe moyen arrive le 21 Mars à 20 heures aprés midy au meridien de Rome; & la 96e aprés la centiéme bissextile il arrive au 21 Mars 2 heures, 43 minutes aprés midy, qui est l'Equinoxe qui arrive le plûtost. Mais la 303e année aprés la centiéme bissextile, l'Equinoxe moyen arrive le 23 Mars à 7 heures, 12 minutes aprés midy, qui est le plus tardif de tous les autres.

Par ces Epoques, & par cette grandeur de l'année, il est aisé de trouver pour toûjours les Equinoxes moyens du Calendrier Grégorien.

XXVI. Réglement des Epactes Grégoriennes.

DANS la correction Grégorienne on n'interrompit pas la suite des cycles de 19 années tirée de l'ancienne Epoque Alexandrine, comme on auroit pû le faire; mais on observa à quel jour de la Lune finit l'année Grégorienne à chaque année du cycle Alexandrin. Ce nombre des jours de la Lune à la fin d'une année est l'Epacte de l'année suivante. On trouva qu'aprés la corréction en la premiére année du cycle, l'Epacte est 1. Chaque année on l'augmente de 11 jours; mais aprés la 19 année on l'augmente de 12, ostant toûjours 30 quand elle surpasse ce nombre, & prenant le reste pour l'Epacte; ce que l'on fait pendant ce siécle.

On observa aussi la variation que les Epactes font de siécle en siécle aux mesmes années du cycle lunaire ancien, & on trouva qu'en 2500 années Juliennes elles augmentent de 8 jours; ce qui suppose le mois lunaire de 29 jours, 12 heures, 44', 3'', 10''', 41''''.

Calend. Greg. can. 2. Mais pour trouver les Epactes Grégoriennes de siécle en siécle, on fit trois Tables différentes dont on ne crut pas pouvoir bien expliquer la construction que dans un Livre à part, qui ne fut achevé que vingt ans aprés la corréction. On crut d'abord que toute la variation des Epactes Grégoriennes estoit renfermée dans une période de 300000 années: mais cela ne s'estant pas trouvé conforme au projet de la correction, on fut obligé d'avoir recours à des équations difficiles, dont on ne trouva pas aucune période déterminée. *Explic. Calend. Greg. c. 11. n. 10.*

XXVII. Nouvelle Periode Lunisolaire & Paschale.

POur suppléer à ce defaut, & trouver sans Tables les Epactes Grégoriennes pour les siécles à venir, nous nous servons d'une periode lunisolaire de 11600 années, qui a pour Epoque la conjonction équinoxiale de l'année de Jesus-Christ, & qui ramene les nouvelles Lunes depuis la correction au mesme jour de l'année Grégorienne, au mesme jour de la semaine, & presqu'à la mesme heure du jour sous le mesme meridien. Suivant cette periode nous donnons à chaque periode de 400 années depuis Jesus-Christ, 9 jours d'Epacte équinoxiale, en ostant 29 quand elle surpasse ce nombre; & nous ajoûtons 8 jours à l'Epacte équinoxiale depuis la correction, pour avoir l'Epacte civile Grégorienne, en ostant 30, quand la somme surpasse ce nombre.

A chaque centiéme année non-bissextile, nous diminuons l'Epacte équinoxiale de 5 jours à l'égard de la centiéme précedente, & nous prenons chaque centiéme année pour Epoque de 5 périodes de 19 années, pour trouver l'augmentation des Epactes pendant un siécle à chaque année du cycle, à la maniére accoustumée.

Ainsi,

Ainſi, pour avoir l'Epacte équinoxiale de l'année 1600, qui eſt éloignée de l'Epoque de Jeſus-Chriſt de 4 periodes de 400 années, multipliant 4 par 9 on a 36; d'où ayant oſté 29, il reſte 7, Epacte équinoxiale de l'année 1600, qui marque que l'Equinoxe moyen de l'année 1600 arriva 7 jours aprés la moyenne conjonction de la Lune, avec le Soleil: y ajoûtant 8 jours, on a 15, qui eſt l'Epacte Civile Grégorienne de l'an 1600, comme elle eſt marquée dans la Table des Feſtes Mobiles Grégoriennes. *Expl. Cal. pag. 420.*

Il eſt évident que l'Epacte équinoxiale de l'année 11600 qui termine cette periode doit eſtre 0. Mais pour le trouver par la meſme méthode; puis que l'année 11600 eſt éloignée de l'Epoque de Jeſus-Chriſt de 29 periodes de 400 années, multipliant 29 par 9, & diviſant le produit par 29, on a le quotient 9, & reſte 0 pour Epacte équinoxiale: y ajoûtant 8 on a l'Epacte Civile Grégorienne de l'année 11600 qui ſera 8, comme Clavius l'a trouvé par les Tables Grégoriennes, à la page 168 de l'Explication du Calendrier. Ce qui fait voir la conformité des Epactes des ſiécles à venir trouvées par le moyen de cette periode d'une maniére ſi aiſée, avec les Epactes Grégoriennes trouvées par le moyen de trois Tables du Calendrier Grégorien.

Si l'on demande auſſi les heures & les minutes de ces Epactes équinoxiales aux 400es années; on y adjouſtera toûjours 8 heures, & de plus $\frac{1}{3}$ & $\frac{1}{10}$ d'autant d'heures qu'il y a de jours entiers dans l'Epacte, & un tiers d'autant de minutes. Ainſi pour l'an 1600, dont l'Epacte équinoxiale eſt de 7 jours; un tiers de 7 heures eſt $2^h, 20'$: un dixiéme eſt $0^h, 42'$: un tiers de 7 minutes eſt $2'$: la ſomme ajoûtée à 7 jours 8 heures fait 7 jours $11^h, 4'$, Epacte équinoxiale de l'an 1600.

Oſtant cette Epacte du temps de l'équinoxe moyen, qui en 1600 arrive le 21 Mars à 20^h aprés midy à Rome, on aura la moyenne conjonction précedente au 14 Mars à $8^h, 56'$: y ajouſtant un demy mois lunaire qui eſt de 14 jours, $18^h, 22'$, on trouvera l'oppoſition moyenne au 29 Mars à $3^h, 18'$. Dans la Table des Feſtes mobiles où l'on néglige les minutes, elle eſt marquée au 29 Mars à 3 heures. *Expl. Cal. pag. 420.*

Pour avoir à heures & minutes l'Epacte équinoxiale aux centiémes non-biſſextiles, on oſtera à l'Epacte trouvée dans la centiéme biſſextile précedente 5 jours, $2^h, 12'$ pour la premiére, le double pour la ſeconde, le triple pour la troiſiéme (empruntant un mois de 29 jours $12^h, 44'$, s'il le faut) & on aura l'Epacte à la centiéme propoſée, dont on ſe ſervira comme dans l'éxemple précedent, la comparant avec l'équinoxe moyen de la meſme année.

Par cette méthode on trouvera les oppoſitions moyennes aux

centiémes années non-bissextiles un jour avant qu'elles ne sont marquées depuis l'an 1700 j'usqu'à l'an 5000 dans la Table des Festes mobiles qui est dans le livre de l'Explication du Calandrier, où elles sont marquées un jour plus tard que les hypotheses mesmes Grégoriennes ne demandent. Ce qui est arrivé aussi dans les préceptes, & dans les exemples de trouver les progrés des nouvelles & pleines Lunes, & dans les Epoques des centiémes années non-bissextiles, & dans tous les calculs qui en sont tirez ; comme l'on reconnoist en comparant ensemble les pleines Lunes calculées dans la mesme Table, dont l'anticipation, qui d'une année commune à un autre commune doit toûjours estre de 10 jours, 15 heures, s'y trouve tantost de 9 jours, 15 heures, comme de l'an 1699 à l'an 1700; tantost de 11 jours, 15 heures, comme de l'an 1700 à l'an 1701; & ainsi de mesme aux autres centiémes non-bissextiles.

Expl. Cal. à pag. 424. ad 561. P. 201. 284. A pag. 596. ad pag. 609. Pag. 634.

Il y eût sur ce sujet des differends qui donnérent occasion d'éxaminer avec soin le progrés des nouvelles Lunes d'une centiéme Grégorienne à l'autre; & néanmoins ces contestations ne furent pas capables de développer pour lors les vrayes différences qu'il y a entre diverses centiémes communes, & bissextiles. Mais comme ces calculs des pleines Lunes n'ont esté faits que pour éxaminer les Epactes qui estoient réglées d'ailleurs, les différends ne tombent que sur l'éxamen, qui estant rectifié, fait voir la justesse de ces Epactes Grégoriennes plus grande que les Auteurs mesmes de la correction ne la supposoient.

Expl. Cal. pag. 595.

C'est une chose digne de remarque que les hypotheses Astronomiques du Calendrier Grégorien se trouvent présentement plus conformes aux mouvemens celestes que l'on ne les supposoit au temps mesme de la correction; car comme il paroist par le projet que le Pape Grégoire XIII envoya aux Princes Chrétiens l'an 1577, on se proposa de suivre dans le réglement des années les Tables Alphonsines qu'on jugeoit estre préférables aux autres; mais pour retrancher trois jours à 400 années Juliennes, on fut obligé de supposer l'année solaire plus courte de quelques secondes que l'Alphonsine, & de préférer cette commodité à une plus grande justesse: & néanmoins tous les Astronomes qui ont depuis conferé les observations modernes avec les anciennes, ont trouvé que l'année Tropique est en effet un peu plus courte que l'Alphonsine, quoy-qu'ils ne soient pas d'accord dans la différence précise.

La grandeur du mois lunaire qui résulte de l'hypothese Grégorienne de l'équation des Epactes qui est de 8 jours en 2500 années Juliennes, est aussi plus conforme aux Astronomes modernes, que le mois lunaire des Alphonsines; & la disposition des Epactes Grégoriennes, & les nouvelles & pleines Lunes qui en résultent, sont aussi souvent plus précises que ceux mesmes qui donnérent la derniére main à la correction ne prétendoient.

Enfin, tout le Systême du Calendrier Grégorien a des beautez qui n'ont pas esté connuës par ceux mesmes qui en ont esté les autheurs, comme est celle de donner les Epactes conformes à celles qui se trouvent par la grande Période Lunisolaire qui a pour Epoque l'année mesme de Jesus-Christ, & le jour mesme qui, selon la tradition ancienne, precede immédiatement le jour de l'Incarnation; d'où l'on peut tirer les Equinoxes & les nouvelles Lunes avec plus de facilité que de l'Epoque Egyptienne du nombre d'Or, dont on a voulu en quelque maniére garder le rapport.

Il eust esté à souhaiter que, puisque dans le projet envoyé aux Princes Chrétiens & aux Universitez on proposa de retrancher de l'année Julienne sur la fin du siecle passé 10 ou 13 jours; on en eust retranché 12, qui est la différence entre 1600 années Juliennes & 1600 années Grégoriennes, pour mettre les Equinoxes aux mesmes jours de l'année Grégorienne qu'ils estoient dans l'année Julienne, selon la forme rétablie par Auguste, dans l'Epoque mesme de Jesus-Christ, plûtost que de les remettre aux jours où ils estoient au temps de l'Epoque étrangere choisie par les Aléxandrins pour leur commodité particuliére: & qu'au lieu de regler les Epactes par le cycle défectueux des Aléxandrins, & de chercher des équations & des corrections pour les Epactes portées par ce cycle, on eust aussi pris garde à la grande Période Lunisolaire de 11600 années, que nous venons de proposer, qui donne immédiatement les vrays jours des Epactes; qui ramene les nouvelles lunes au mesme jour de l'année & de la semaine, & qui a une Epoque la plus auguste & la plus mémorable parmi les Chrétiens que l'on puisse imaginer. *Expl. Cal. pag. 4.*

Je ne doute point que si on eust trouvé dés ce temps-là cette période que nous venons de proposer, on ne l'eust employée non-seulement par l'excellence de son époque, mais aussi parce que la grandeur du mois qu'elle suppose est autant conforme aux Tables Alphonsines, que la grandeur de l'année qu'ils établirent pour se conformer à ces Tables le plus que la commodité du calcul le permettoit.

Car cette période est composée de 143472 mois lunaires, & de 4236813 jours naturels; & par conséquent elle suppose le mois lunaire de 29 jours, 12^h, $44'$, $3''$, $5'''$, $28''''$, $48'''''$, $20''''''$; & les Tables Alphonsines le supposent de 29 jours, 12^h, $44'$, $3''$, $2'''$, $58''''$, $51'''''$, qui est plus court de $2''' \frac{1}{2}$ que celuy de nostre période.

Selon Tycho Brahé, le mois lunaire est de 29 jours, 12^h, $44'$, $3''$, $8'''$, $29''''$, $46'''''$, $48''''''$, qui excede le nostre de $3'''$; ainsi ce mois est moyen entre celuy d'Alphonse & celuy de Tycho Brahé.

C'est pourquoy cette grande période composée d'un nombre de ces mois entiers, & d'un nombre de périodes Grégoriennes de 400 années, & par conséquent de semaines entiéres, & de jours entiers, pourroit estre proposée pour servir comme de regle à comparer ensemble toutes les autres periodes, & pour y rapporter les temps avant & aprés l'Epoque de Jesus-Christ, laquelle seroit la fin de la premiere de nos periodes & le commencement de la seconde : & comme cette grande periode a esté inventée dans les exercices qui se font à l'Academie Royale des Sciences & à l'Observatoire Royal, sous la protection & par les ordres du Roy ; il semble que si la période Julienne a pris son nom de Jules César, & la Grégorienne de Grégoire XIII, celle-cy pourroit à aussi juste titre estre nommée la PERIODE LUNISOLAIRE DE LOUIS LE GRAND.

FIN.

A PARIS,
DE L'IMPRIMERIE ROYALE,
Par la Veuve de SEBASTIEN MABRE-CRAMOISY, Imprimeur de Sa Majesté, & Directeur de son Imprimerie Royale.

M. DC. LXXXIX.

www.ingramcontent.com/pod-product-compliance
Ingram Content Group UK Ltd.
Pitfield, Milton Keynes, MK11 3LW, UK
UKHW021004180726
13838UKWH00003B/1446